Uwe Hartmann (Hrsg.)

Lernen von Afghanistan
Innovative Mittel und Wege für Auslandseinsätze

Standpunkte und Orientierungen: Band 3
Herausgegeben von Uwe Hartmann

Lernen von Afghanistan

Innovative Mittel und Wege für Auslandseinsätze

Uwe Hartmann (Hrsg.)

2015

Carola Hartmann Miles-Verlag

CIP-Kurztitelaufnahme der Deutschen Nationalbibliothek: Uwe Hartmann (Hrsg.): Lernen von Afghanistan. Innovative Mittel und Wege für Auslandseinsätze, Berlin 2015.

Carola Hartmann Miles-Verlag, Berlin 2015
ISBN 978-3-937885-87-2

Titelbild: Miles-Verlag

Herstellung: Books on Demand, Norderstedt

© Carola Hartmann Miles-Verlag,
George-Caylay-Str. 38, 14089 Berlin
(email: Miles-Verlag@t-online.de; www.miles-verlag.jimdo.com)

Inhaltsverzeichnis

	Seite
Einleitung *Uwe Hartmann*	7
Security Force Assistance *Marc-André Walther*	28
Information und Kommunikation in Einsätzen *Frank Pieper*	57
Reintegration von Gegnern *Uwe Hartmann*	76
Rolle des ausländischen Militärs beim Peacebuilding *Fouzieh Melanie Alamir*	96
Autoren	121

Einleitung

Plötzlich war die „Generation Einsatz" der Bundeswehr im Krieg. Viele Deutsche waren geschockt. Sie hatten sich zwar an das friedenserhaltende Engagement ihrer Soldatinnen und Soldaten auf dem Balkan gewöhnt. Sie äußerten sogar eine gewisse Wertschätzung für *Peacekeeping*-Operationen. Auch der Einsatz in Afghanistan erschien ihnen zunächst als bloße Fortsetzung der deutschen Außen- und Sicherheitspolitik mit Bundeswehrangehörigen, die Brunnen bohrten und Schulen bauten. Doch dann, ab dem Jahre 2009, hörten sie immer häufiger über Gefechte, die nicht selten mehrere Tage dauerten. Soldaten mit deutschen Hoheitsabzeichen an ihren Uniformärmeln starben nun nicht als Folge von Arbeitsunfällen, sondern fielen im Kampf. Sie wurden durch Kugeln aus Kalaschnikows oder Explosionen versteckter Sprengsätze verwundet und getötet. Ihre sterblichen Überreste kehrten in Särgen, die mit einer Deutschlandflagge überdeckt waren, in die Heimat zurück.

Die Kämpfe in Afghanistan veränderten auch die Sprache. Deutsche Soldaten hatten nun „Feindkontakt". Sie „fielen" in Gefechten, ihre Gegner wurden „zerschlagen" und „vernichtet". Das Wort vom Krieg, den es von Deutschland ausgehend eigentlich nie wieder geben sollte, machte die Runde. Viele Menschen stimmten zu: Ja, das, was in Afghanistan passierte, sei Krieg. Auch die Soldaten sehnten sich nach der Klarheit dieses Begriffs, weil er unterstrich, welche Gefahren und Opfer sie auf sich nahmen, während in

Deutschland weiterhin „Friede, Freude, Eierkuchen" herrschte. Sie mögen aus diesem Begriff zudem eine Anerkennung für ihren Beruf, der seit Jahrzehnten über nur geringes Prestige verfügt, herausgelesen haben. Im Unterschied dazu haben manche Bürger und Bürgerinnen das schlimme Wort des Krieges benutzt, weil sie sich damit in ihrer grundsätzlichen Ablehnung des Afghanistan-Einsatzes bestätigt fühlten. Helfen ja, aber militärische Gewalt anwenden, das doch bitte nicht.

Auch die deutsche Politik tut sich schwer mit dem Kriegsbegriff. Die Wirkungsmacht der Geschichte führt fast automatisch zu einer Assoziation dieses Begriffs mit den Weltkriegen des letzten Jahrhunderts. Ein derartiges Verstehen ist kein deutscher Sonderweg. Auch die Politik in vielen anderen europäischen Staaten meidet das Wort 'Krieg' zur Beschreibung des Geschehens in Afghanistan oder anderen Einsatzgebieten. Zudem hat der Kriegsbegriff auch eine rechtliche Dimension. In Deutschland müsste die Kanzlerin das Kommando über die Bundeswehr übernehmen; die Regierung hätte zusätzliche Exekutivbefugnisse in Wirtschaft und Gesellschaft. Will man das, nur weil in einem entfernten Land eine kleine Truppe deutscher Soldaten kämpft?

Daneben muss auch die psychologische Dimension des Kriegsbegriffs bedacht werden. Der damalige Generalinspekteur der Bundeswehr, General Wolfgang Schneiderhan, wies während seiner aktiven Dienstzeit, aber auch danach mehrfach darauf hin. Wollen wir Aufständische wie die Taliban in den völkerrechtlichen Status eines Kombattanten erheben und nicht mehr als verbrecherische Terroristen behandeln? Diese Nuancierung in der Bezeichnung des Gegners ist wichtig – für die Legitimation politisch-militärischer Interventionen ebenso wie für die strategische Kommunikation mit den eigenen Bürgerinnen und Bürgern sowie mit den Menschen in den Einsatzgebieten.

Die Bezeichnung von Einsätzen der Bundeswehr außerhalb der Landes- und Bündnisverteidigung als Krieg könnte auch unerwünschte Auswirkungen auf das soldatische Selbstverständnis haben. Maßgeblich für die Bundeswehr und ihre Angehörigen ist die Innere Führung. Bekanntermaßen betont diese Führungsphilosophie Recht und Freiheit als oberste Orientierungspunkte für das soldatische Handeln. Krieg als gewaltsamer zwischenmenschlicher Akt dürfe niemals Selbstzweck sein. Auch der militärische Sieg sei nicht das oberste Ziel von Auslandseinsätzen zur Krisenverhütung- und Konfliktbewältigung.

Zweifelsfrei tragen Siege zur Motivation der Soldatinnen und Soldaten im Einsatz bei. Häufig wird der Erfolg militärischer Operationen auch daran gemessen, Gegner in Gefechten geschlagen zu haben. Unvergessen bleibt die Aussage des ersten Bundespräsidenten Theodor Heuß anlässlich eines Manövers von Panzergrenadieren im Jahre 1958. „Nun siegt mal schön“, hat er beim Abschied fröhlich gesagt. Sieg ist jedoch nur ein Leitbegriff begrenzter Reichweite. Er erhält Sinn nur durch seinen Beitrag zu einem Frieden, der besser ist als der politische Zustand zuvor. Krieg und Sieg sitzen also höchstens in der zweiten Reihe; die erste Reihe ist reserviert für politische Begriffe wie Recht, Freiheit, Frieden und Menschenrechte.

Diese klare Zweitrangigkeit militärischer Schlüsselbegriffe gegenüber politischen Zweckbestimmungen ist entscheidend auch für das deutsche soldatische Selbstverständnis. Der Historiker Sönke Neitzel und der Sozialpsychologe Harald Welzer weisen in ihren Studien zur Wehrmacht darauf hin, dass Gewaltexzesse auch darauf zurückzuführen seien, dass der Begriff des Krieges den Referenzrahmen soldatischen Denkens bestimmte und damit eine Entgrenzung von Gewalt erleichterte.[1] Vor diesem Hintergrund kann die Innere Führung mit ihrer Betonung einer individuellen Verantwortung vor dem Gewissen als eine ethische Bremse soldatischen Handelns verstanden werden. Sie soll Soldaten davor schützen, Opfer einer sich selbst legitimierenden Spirale eskalatorischer Gewaltanwendung zu werden. Die politisch-ethische Dimension des Soldatseins ist damit integraler Teil des „mitdenkenden Gehorsams".

Wie weit die Angehörigen der Bundeswehr die Innere Führung verstanden, akzeptiert und in ihrer ethischen Bremsfunktion in das eigene berufliche Selbstverständnis integriert haben, ist eine Frage, der hier nicht weiter nachgegangen werden soll.[2] Es ist jedoch wichtig, auf ein grundsätzliches Spannungsver-

---

[1] Sönke Neitzel, Harald Welzer, Soldaten. Protokolle vom Kämpfen, Töten und Sterben, Frankfurt/Main 2011.
[2] Siehe dazu Angelika Dörfler-Dierken, Robert Kramer, Innere Führung in Zahlen, Berlin 2014.

hältnis zwischen der notwendigen Vorbereitung auf Kampf und Gefecht sowie der Orientierung am künftigen Frieden hinzuweisen. Dieses kommt in der Ambivalenz der Einführung von Gefechts- und Tapferkeitsmedaillen anschaulich zum Ausdruck.

Medaillen dienen der Würdigung der Leistungen von Soldaten. Durch das Herausstellen beispielhaften Handelns sollen Kameraden motiviert werden, diesem nachzueifern. In der Praxis können daraus allerdings auch unerwünschte Folgen erwachsen. „Brustkrank", so nannten Soldaten der Wehrmacht ihre Offiziere, die bereit waren, Schlachten zu schlagen und Gefechte zu generieren, deren primärer Zweck es war, sich selbst Orden zu erdienen. Auszeichnungen könnten Soldaten also dazu verleiten, diese nach ganz oben auf ihrer persönlichen Werteskala zu setzen. Manchmal mag es daher sinnvoll sein, Soldaten, auch wenn sie nur am Rande an Gefechten beteiligt waren, eine Auszeichnung zu verleihen, damit sie nicht mehr den Drang verspüren, den Kampf aktiv zu suchen, um endlich auch eine Medaille an die Brust geheftet zu bekommen. Denn mit unnötigen Gefechten gefährden Soldaten sich selbst und ihre Kameraden. Zudem können sie damit die eigentlichen Ziele ihres Auftrags sowie die Legitimation und Akzeptanz des Einsatzes unterminieren.

Die Motivierung von Soldaten durch Gefechtsmedaillen ist ein richtiger Weg, jedoch ein schmaler Grat. Es müssen Leitplanken eingezogen werden, damit Soldaten nicht von dem politisch vorgegebenen und ethisch gebotenen Handeln abweichen.

Diese Sorgfalt muss auch bei der Betonung des Kampfes als Wesenskern des Soldatenberufs beachtet werden. Zweifelsfrei muss das ‚kämpfen wollen‘ und ‚kämpfen können‘ im Mittelpunkt des soldatischen Selbstverständnisses stehen. Der Kampf und die damit geforderte Tugend der Tapferkeit bleiben Alleinstellungsmerkmale des Soldatenberufs. Verständlich ist daher die Kritik vor allem jüngerer Offiziere an der Nachwuchswerbung der Bundeswehr, in der zivile Qualifikationen wie das akademische Studium oder der Erwerb zivilberuflicher Abschlüsse im Vordergrund stehen.[3] Aber auch hier ist der Grat schmal. Kritische Fragen müssen gestellt werden, die davor schützen, die tatsächlich gegebene und sachlich erforderliche Rollenvielfalt des Soldatenberufs durch übermäßige Fokussierung auf den Kampf zu verdrängen: Wie wird die Betonung des Kampfes in einer Gesellschaft wahrgenommen, die hohes Vertrauen in die Bundeswehr hat, die aber Kampfeinsätze seit vielen Jahren mit großer Mehrheit ablehnt? Wie passt die Betonung der Rolle des Kämpfers zu der Einsicht in die Notwendigkeit einer vernetzten Sicherheitspolitik? Kann der Soldat Partner sein, wenn er sich vor allem über die Extremsituation des Gefechts definiert? Wenn der Soldat in vielen Konfliktszenarien ein Akteur neben vielen anderen ist und er mit diesen zusammenarbeiten muss, um die sicherheitspolitischen Ziele zu erreichen, wie passt das mit einem verengten Selbstverständnis

---

[3] Marcel Bohnert, Lukas J. Reitstetter (Hrsg.), Armee im Aufbruch. Zur Gedankenwelt junger Offiziere in den Kampftruppen der Bundeswehr, Berlin 2014.

als Kämpfer zusammen? Wie wirkt sich dieses Phänomen, das in den Kampftruppen wohl am stärksten ausgeprägt sein dürfte, auf die Kohäsion innerhalb der Streitkräfte aus, die mehr denn je auf eine möglichst reibungslose Zusammenarbeit angewiesen sind?

Es zeigen sich also gleich mehrere Spannungsverhältnisse. Die Begriffe Krieg und Kampf sind zurückgekehrt in die Sicherheitspolitik und die öffentliche Debatte darüber; sie manifestieren eine berechtigte Neuakzentuierung im Selbstverständnis von Soldaten. Gleichwohl haftet ihnen eine dunkle Macht an. Eine zu starke Fokussierung des Selbstverständnisses auf Krieg und Kampf könnte die der militärischen Gewaltanwendung inhärente Eskalationsdynamik zu früh oder unnötig in Gang setzen. Sie würde den Soldaten eine Sonderrolle in der vernetzten Sicherheitspolitik zuweisen, die den eigentlich erforderlichen partnerschaftlichen Umgang erschwert. Sie förderte Ausdifferenzierungen der soldatischen Identität in Abhängigkeit von ihrer Nähe zu Gefechten, die die Begründung eines einheitlichen Berufsbildes für alle Angehörigen der Bundeswehr erschweren könnten.

Das Wissen um diese dunklen Seiten darf allerdings nicht behindern, dass die militärische Ausbildung sich an den Erfordernissen von Kampf und Gefecht ausrichtet und die Soldaten über diejenigen Waffen verfügen, die es ihnen ermöglicht, ihren Auftrag ggf. auch mit einer Eskalation des Gewalteinsatzes zu erfüllen.

Hier sind sowohl die politische als auch die militärische Führung gefordert, einerseits sensibel auf

Warnsignale zu achten und das Abgleiten auf Abwege zu verhindern, andererseits aber auch Vertrauen in die Soldatinnen und Soldaten zu haben. Ein intensiver Dialog innerhalb der Bundeswehr sowie mit Politik und Gesellschaft ist dafür erforderlich. Dabei dürfen die aufgezeigten Spannungsfelder nicht ausgeblendet werden; sie sind vielmehr näher zu beschreiben und eingehend zu analysieren. In der Praxis werden sie sich wohl nie ganz auflösen lassen. Maß halten und Balance wahren sind hierfür wichtige Führungstugenden ebenso wie Vertrauen und Ambiguitätskompetenz.

Die militärischen Führer, unabhängig von ihrer Führungsebene, letztlich jeder einzelne Soldat, sollten verstehen, dass Kampf kein Selbstzweck ist. Kampf selbst auf der untersten taktischen Ebene der Patrouille oder der Hubschrauberbesatzung muss immer im Hinblick auf die operativen und strategischen Ziele eines Einsatzes bedacht werden. Entscheidungen nach rein taktischen Gesichtspunkten greifen oftmals zu kurz, auch wenn sie in den Extremsituationen, in denen es um Leben und Tod geht, unabdingbar sein können.

Diese Kontrapunkte sollen nicht die in den letzten Jahren verstärkte Darstellung des Kampfes in Medien und Literatur in Frage stellen. Es ist wichtig, dass Soldaten unabhängig von ihrem Dienstgrad darüber berichten, wie sie ihre Einsätze, auch die Gefechte, erlebt haben. Ihre Veröffentlichungen bieten vielfältige Anregungen für die selbstkritische Reflexion von Soldaten, wo sie an sich selbst arbeiten müssen, um unter Einsatzbedingungen erfolgreich zu führen und den Auftrag zu erfüllen. Zudem ist das Verlangen der Soldaten nach einem freundlichen Interesse und einer ehrlichen Würdigung ihres Einsatzes durch die Bürger und Bürgerinnen mehr als berechtigt. Bücher wie „Vier Tage im November" von Johannes Clair oder die von Sascha Brinkmann und Joachim Hoppe herausgegebenen Sammelbände „Generation Einsatz" und „Feindkontakt" sind daher sehr wichtig. Es ist auch gut, dass junge Offizieranwärterinnen, -anwärter und Offiziere der Kampftruppen, die in der Regel noch nicht über Einsatzerfahrungen verfügen, über ihren Beruf und ihre künftige Bewährung in Krieg und Kampf nachdenken und ihre Überlegungen dazu veröffentlichen.[4]

Es sollte indessen stärker herausgestellt werden, dass die Einsätze der Bundeswehr nicht allein durch Gefechte auf der einen Seite und Brunnenbohren auf der anderen Seite charakterisiert sind. Es gibt eine Vielzahl von Handlungsmöglichkeiten in dem Zwischenbereich. Ein Entweder-Oder ist nicht nur wenig kreativ, sondern entspricht auch nicht der Realität in den Einsatzgebieten. Zwischen Gefechten und Brunnenbohren gibt es eine Vielzahl von innovativen Mitteln und Wegen, die einen wichtigen, manchmal sogar wirksameren Beitrag für das Erreichen der politischen Zwecke und selbst der militärischen Ziele eines Einsatzes leisten können als Kampf und Gefecht.

---

[4] Marcel Bohnert, Lukas J. Reitstetter (Hrsg.), Armee im Aufbruch. Zur Gedankenwelt junger Offiziere in den Kampftruppen der Bundeswehr, Berlin 2014.

Bevor diese neuen Mittel und Wege stärker in den Vordergrund gerückt und anschließend in den Beiträgen dieses Buchs näher beschrieben werden, sei noch kurz auf die Gründe für Innovationen im nicht-kinetischen Bereich eingegangen. Die ethische Verpflichtung, Gewalt nur so wenig wie nötig einzusetzen und die naturgegebene Eskalation der Gewalt im Krieg auszubremsen, spielt dabei sicherlich eine Rolle. Noch relevanter sind wahrscheinlich die kritischen Fragen, die aus der militärischen Logik selbst erwachsen. Welchen Sinn macht es, möglichst viele Gegner zu töten, wenn dadurch die Bevölkerung – sei es die eigene oder die im Einsatzgebiet – gegen die Soldaten aufgebracht wird? Werden die politischen und auch die militärischen Ziele nicht in Frage gestellt, wenn das Töten von Gegnern deren Anzahl eher erhöht? Was bedeutet es für die Wirksamkeit kinetischer Operationen, wenn die Ursachen für Krisen und Konflikte mit Waffengewalt nicht behoben werden können? In welchem Verhältnis stehen kinetische Operationen und das ihnen innewohnende hohe Risiko für Soldaten zu den oft nur vage erkennbaren politisch-strategischen Zielsetzungen? Was hilft es, wenn alle Gefechte gewonnen werden, der Krieg aber verloren geht, weil eine falsche Strategie implementiert wurde?

Diese kritischen Fragen fordern Ideen und Innovationen jenseits der Fortentwicklung von Waffensystemen und taktischen Verfahren für die Gefechtsführung. Viele Leser mögen nun zunächst an den Einsatz nicht-letaler oder, wie sie offiziell genannt werden, weniger letaler Wirkmittel[5] denken. Deren Verfügbarkeit ist wichtig, damit Soldaten nicht mit Kanonen auf Spatzen schießen müssen und durch unverhältnismäßiges Handeln oder unnötige Kollateralschäden den Gegnern in die Hände spielen. Es ist daher richtig, dass weniger letale Wirkmittel selbst für Waffensysteme wie den Kampfpanzer Leopard II entwickelt werden oder bereits zur Verfügung stehen. Dass die Bundeswehr angesichts einer chronisch klammen Kassenlage sich stärker auf ihr Kerngeschäft, nämlich die bewaffnete Gewalt, konzentriert, ist verständlich, birgt aber strategische Risiken in sich.

Auch der Einsatz neuer Technologien bietet viele Chancen. Es wird aber wohl noch einige Jahrzehnte dauern, bis eine Waffe wie der *Phaser* aus der *Star Trek*-Serie zur Verfügung steht, die dem Schützen die Wahl ermöglicht, einen Gegner zu töten oder bloß zu betäuben.

Es gibt jedoch schon heute zahlreiche kreative Wege, wie zivile und militärische Mittel aufeinander abgestimmt eingesetzt werden und sich gegenseitig unterstützen; wie sie eine Wirkung erzielen, die sie alleine nicht erreichen könnten. Darum soll es in diesem Sammelband gehen. Es werden einige Beispiele aufgezeigt, wie unser Blick auf das weite Feld, das durch

---

[5] Siehe hierzu Jana Hertwig, Neue Technologien im Militär: rechtliche Vorgaben für Forschung, Entwicklung, Beschaffung und Einsatz neuer Waffen, Mittel und Methoden der Kriegführung. In: Uwe Hartmann, Claus von Rosen (Hrsg.), Jahrbuch Innere Führung 2014. Drohnen, Roboter und Cyborgs - Der Soldat im Angesicht neuer Militärtechnologien, Berlin 2014, S. 75-113.

Gefechte auf der einen und Brunnenbohren auf der anderen Seite begrenzt ist, erweitert werden kann.

Diese Erweiterung unseres Sichtfeldes ist wichtig. Nur so wird der Blick frei für die Wahrnehmung der vielfältigen Wege und Mittel, die deutlich unterhalb der Schwelle traditioneller militärischer Zwangsmaßnahmen, also kinetischer Operationen, liegen. Dies gilt für unseren Ausblick in die Zukunft genauso wie für die Rückschau in die Vergangenheit. Hat nicht das Verdrängen der Vietnam-Erfahrungen in den US-amerikanischen Streitkräften der 80er und 90er Jahre dazu beigetragen, dass die Kriege in Afghanistan und im Irak zunächst mit unterkomplexen Strategien und taktischen Konzepten begonnen wurden? Hat es nicht sehr lange gedauert, bis *Lessons Learned* aus den letzten Jahren des Krieges in Vietnam aus den Archiven herausgeholt und in operative und taktische Innovationen umgesetzt wurden? Führt die Fokussierung auf Gefechte und Schlachten nicht dazu, dass die Wehrmacht zu einseitig im Hinblick auf ihre Kampfkraft und die operative Führungskunst ihrer Generale betrachtet und höchstens am Rande gesehen wird, dass sie auch für den Kleinen Krieg neue Konzepte ausgearbeitet hatte?[6]

Die heutigen und künftigen Einsatzszenarien für Streitkräfte erfordern Konzepte, in denen der Ein-

---

[6] Peter Lieb, Die Wehrmacht und der "Kleine Krieg": Das Fallbeispiel der 1. Gebirgsdivision auf dem Balkan 1943/44. In: Helmut R. Hammerich, Uwe Hartmann, Claus von Rosen (Hrsg.), Jahrbuch Innere Führung 2010. Die Grenzen des Militärischen, Berlin 2010, S. 152-160.

satz oder zumindest die Androhung von Gewalt mit diplomatischen, ökonomischen, entwicklungspolitischen, sozialen oder weniger letalen militärischen Mitteln und Wegen kreativ kombiniert werden. Militärische Einsätze sind häufig dadurch gekennzeichnet, dass Streitkräfte in einem Umfeld operieren, das durch schlechte Regierungsführung und fehlende wirtschaftliche Entwicklung charakterisiert ist. Manchmal werden überhaupt keine funktionierenden staatlichen Strukturen existieren, wie etwa beim UN-Einsatz in Somalia im Jahre 1993. Als NATO-Truppen 1999 in das Kosovo einmarschierten, während die serbischen Kräfte sich zurückzogen, wurden jene schnell mit der Herausforderung konfrontiert, das neu entstandene institutionelle und administrative Vakuum zu füllen. In Afghanistan war es noch schwieriger. Zwar gab es schnell eine Übergangsregierung; der afghanische Staat blieb jedoch zunächst nicht viel mehr als ein Potemkinsches Dorf.[7] Nach über 30 Jahren Bürgerkrieg war Afghanistan ein Paradebeispiel für einen *failed state*.

Wichtig ist auch die Einsicht in die nicht zu überschätzende Rolle der Bevölkerung, gerade auch in den Einsatzgebieten. *War amongst the people*, so bezeichnet der britische General Sir Rupert Smith das neue Kriegsbild in seinem Buch *The Utility of Force*.[8] Seitdem haben Gegner und potentielle Gegner vielfältige Verfahren entwickelt, wie sie die Menschen in potentiellen

---

[7] Berit Bliesemann de Guevara, Florian P. Kühn, Illusion Statebuilding. Warum sich der westliche Staat so schwer exportieren lässt, Hamburg 2010.
[8] Rupert Smith, The Utility of Force, New York 2007.

Einsatzgebieten für ihre Zwecke aktivieren und instrumentalisieren können. Selbst Staaten mit kampfstarken konventionellen Streitkräften haben ihre Strategien so ausgerichtet, dass sie die Bevölkerung für verdeckte Operationen nutzen oder einfach nur, um Unruhe zu stiften und den Einsatz der überlegenen Waffentechnologie westlicher Staaten zu behindern.

Die NATO und EU bzw. ihre Mitgliedsstaaten reagierten auf diese neuen Herausforderungen u.a. mit dem Konzept der vernetzten Sicherheitspolitik. Der Einsatz ziviler und militärischer Mittel sollte Hand in Hand gehen. Gerade die militärische Seite, die früh die begrenzten Wirkungen ihrer Wege und Mittel in den neuen Einsatzszenarien erkannt hatte, war treibende Kraft in der konzeptionellen Arbeit. Eine operativ-taktische Folgerung war beispielsweise der Aufbau von *Provincial Reconstruction Teams* (PRT) in Afghanistan, in denen zivile und militärische Partner zusammenarbeiteten und die militärische Fähigkeit der zivil-militärischen Zusammenarbeit (CIMIC) erhöhte Relevanz bekam.

Der vernetzte Ansatz, in dem zivile und militärische Maßnahmen synchronisiert werden, wurde allerdings nicht nur in den PRT praktiziert, sondern war Kennzeichen vieler militärischer Operationen. So stellt etwa Christian von Blumröder dar, wie er als Kommandeur eines Ausbildungs- und Schutzbataillons in Kunduz eine militärische Operation mit einem Entwicklungsprojekt, nämlich dem Anschluss eines für die

Operation wichtigen Dorfes an neu errichtete Stromleitungen, koordinierte.[9]

Geradezu idealtypisch dafür ist der Einsatz von US-amerikanischen Spezialkräften. Diese führten in ganz Afghanistan sog. *Village Stability Operations* durch, in denen Soldaten Afghanen nicht nur ausbildeten, damit sie ihre Dörfer vor den Taliban schützen konnten, sondern den Dorfbewohnern auch halfen, ihr wirtschaftliches und soziales Leben zu verbessern.[10] Weiterhin arbeiteten Spezialkräfte von ISAF eng mit Spezialkräften der afghanischen Sicherheitskräfte zusammen. Bei ihren Zugriffen zogen sie auch die örtlichen afghanischen Staatsanwaltschaften hinzu. Damit wurde deutlich kommuniziert, dass der Zugriff nach afghanischem Recht und Gesetz legitimiert war. Gleichzeitig konnte so ein wichtiger Beitrag zur Stärkung der afghanischen Rechtsstaatlichkeit geleistet werden. In diesem Zusammenhang ist auch die Unterstützung der afghanischen Strafverfolgungsbehörden durch Angehörige von ISAF zu nennen, die militärische Aufklärungsergebnisse nutzten, um Dossiers über Aufständische, die an Anschlägen und kriminellen Aktionen beteiligt waren, zu erstellen und diese den afghanischen Staatsanwaltschaften übergaben.

---

[9] Christian von Blumröder, Führen im Gefecht. Erfahrungen als Kommandeur in Kunduz 2010/2011. In: Arjan Kozica, Kai Prüter, Hannes Wendroth (Hrsg.), Unternehmen Bundeswehr? Theorie und Praxis (militärischer) Führung, Berlin 2014, S. 190-191.

[10] Siehe dazu Linda Robinson, One Hundred Victories. Special Ops and the Future of American Warfare, New York 2013.

Auch die militärische Führungselite ist ein schlagkräftiges Instrument in der Förderung von Regierungsfähigkeit und Entwicklung. Sie ist in gewisser Weise eine besondere *high level task force*, die gezielt in den zivilen politisch-administrativen Bereich hineinwirkt. Darüber hinaus führen sie Gespräche mit Multiplikatoren in der Gesellschaft, um diese für die aktive Unterstützung des Friedensprozesses zu gewinnen. Generale und Admirale bauen sogar enge Kontakte zu religiösen Führern auf: In Bosnien und Herzegowina ging es darum, den Dialog der Religionsgemeinschaften untereinander zu intensivieren. In Afghanistan steht im Vordergrund, die Friedensgebote des Koran zu betonen und die Einflussmöglichkeiten radikaler Prediger zu verringern.

Hochrangige militärische Führungskräfte engagieren sich damit im politischen Umfeld, wie dies früher in den Kolonien der Fall gewesen war und wie dies heute in ihren Heimatländern wohl kaum akzeptiert würde.[11] Dieses (gesellschafts-)politische Handeln ist nicht nur deshalb notwendig, weil die zivile Seite in den Auslandseinsätzen im Vergleich zum Militär deutlich unterrepräsentiert ist. Wichtiger erscheint, dass Generale und Admirale über militärische und zivile Mittel verfügen, die sie effektiv im Rahmen einer *coercive diplomacy* einsetzen können.

Unterschiedlichste militärische Kräfte tragen also zu einer verbesserten Sicherheitslage nicht nur direkt durch die Anwendung oder Androhung von Gewalt bei, sondern auch indirekt durch Einwirkung auf

---

[11] Hew Strachan, The Politics of the British Army, Oxford 1997.

die Regierungsführung und Entwicklung, ja letztlich auch durch ihren Beitrag zur Konfliktlösung auf lokaler Ebene.

Diese Beispiele verdeutlichen, dass sich das Militär nicht auf kinetische Operationen oder einfache Wiederaufbauarbeiten beschränkt, um seinen Auftrag zu erfüllen. In Afghanistan und anderen Einsatzgebieten wurden viele neue Wege und Mittel entwickelt, insbesondere weil der Einsatz militärischer Gewalt — auch wenn er noch so berechtigt erscheint oder durch das Völkerrecht legitimiert ist — Auswirkungen haben könnte, die für die Sicherheitslage und damit auch für die verbesserte Regierungsfähigkeit und Entwicklung schädlich sind oder damit die Ursachen von Krisen und Konflikten einfach nicht erreicht werden. Wie das Militär seine Mittel und Wege jenseits rein kinetischer Operationen kreativ einbringt, um die politischen Zwecke von Auslandseinsätzen zu erreichen, ist in Politik und Gesellschaft oftmals nicht vollumfänglich bekannt, nicht zuletzt deshalb, weil die Medien häufiger und intensiver über Kampf und Gefechte und deren Folgen berichten.

In den Beiträgen dieses Buches werden einige neue Wege und Mittel ausführlich beschrieben und analysiert, die in Afghanistan umgesetzt wurden und die zukunftsträchtig sein könnten.

Im ersten Beitrag stellt Marc André Walther die Umsetzung der *Security Force Assistance* (SFA) durch die Bundeswehr dar. Dieses 2012 in ganz Afghanistan eingeführte neue Konzept lässt sich durch *Afghan lead* auf den Begriff bringen. Statt eigene Operationen durchzuführen, konzentrieren sich die ISAF-Truppen darauf, die afghanischen Sicherheitskräfte der Armee sowie der verschiedenen Polizeien zu befähigen, selbständig Operationen zu planen und durchzuführen. Eine anspruchsvolle Aufgabe, denn der Soldat muss als Berater seine fachlichen Kompetenzen mit zusätzlichen *soft skills* ergänzen, um Können erfolgreich zu vermitteln. In der Praxis zeigt sich SFA als ein sehr flexibles Konzept, das an die erzielten Forschritte bei den afghanischen Partnern angepasst und grundsätzlich auch auf andere Staaten und deren Streitkräfte übertragen werden kann, allerdings auch einer konsequenten Umsetzung bedarf.

General Sir Rupert Smith hat in seinem Buch *Utility of Force* die Bedeutung des Faktors Information betont. In *war amongst the people* hätte die Information der eigenen Bevölkerung sowie der Bevölkerung im Einsatzland höchste strategische Relevanz. Frank Pieper stellt in seinem Beitrag neueste Entwicklungen in der Information und Kommunikation in Afghanistan dar. Deren herausragende Rolle unterstreicht er durch seine These, dass zumindest auf operativer Ebene der Kampf bzw. kinetische Operationen allein nicht einen Stabilisierungserfolg herbeiführen könnten. Entscheidend sei vielmehr, wie Gefechte und militärische Operationen von den Menschen wahrgenommen würden. Ohne Berücksichtigung dieser Dimension könnten selbst erfolgreiche taktische Maßnahmen zu operativen und sogar strategischen Niederlagen führen. Abschließend stellt Frank Pieper dar, wie die eigenen Fähigkeiten der Information und Kommunikation im

Regionalkommando Nord eingesetzt und im Rahmen der *Security Force Assistance* schließlich auf die afghanischen Sicherheitskräfte übertragen wurden.

Uwe Hartmann analysiert das *Afghan Peace and Reconciliation Program* (APRP), das 2010 von dem damaligen Präsidenten Karsai zu Beginn seiner zweiten Amtszeit eingeführt wurde. Parallel dazu verlief der zivil-militärische *Surge* der USA. Dies mag dazu geführt haben, dass das APRP in der öffentlichen Debatte in den truppenstellenden Staaten kaum thematisiert und auch bei den ISAF-Truppen nur wenig beachtet wurde. Dabei ist das APRP vor allem im Norden und Westen Afghanistans sehr erfolgreich. Reintegration erweist sich als ein überaus effizienter Weg, um strategische Ziele in einem Auslandseinsatz zu erreichen oder zumindest dazu beizutragen. Dieser Weg ersetzt nicht die Androhung und die erfolgreiche Durchführung kinetischer Operationen. Sie müssen jedoch auch daraufhin geprüft werden, inwieweit sie den Reintegrationsprozess befördern und aktiv unterstützen. Reintegration inmitten eines Krieges verfügt über ein enormes Potenzial. Auch Streitkräfte sollten darauf drängen, dieses gezielt zu nutzen.

Fouzieh Melanie Alamir analysiert in ihrem Beitrag den vernetzten Ansatz und die Rolle des Militärs in *Peacebuilding*-Prozessen. Am Beispiel Afghanistans kann sie zeigen, dass das internationale Militär weit über Sicherheitsaufgaben hinausgehende direkte und indirekte Beiträge zum *Peacebuilding* in Handlungsfeldern wie Sicherheitssektorreform (SSR), Aufbau von Rechtsstaatlichkeit und Regierungsstrukturen sowie Entwaffnung, Demobilisierung und Reintegration (DD&R) leisten kann und muss. Daraus erwachsen zahlreiche zivil-militärische Schnittstellen in *Peacebuilding*-Szenarien. Diese seien, so Alamir, in Afghanistan vor allem von unten nach oben aufgewachsen, ohne einer übergeordneten gemeinsamen politischen Strategie zu folgen. Mit dem Ende der ISAF-Mission wird es künftig sehr viel weniger Schnittstellen geben, woraus vielfache negative Wirkungen auf das *Peacebuilding* und die Arbeit der zivilen Partner resultierten. Insgesamt bewertet die Autorin den vernetzten Ansatz in Afghanistan als „rhetorisches Konzept", das weitergehende Fragen nach Ziel und Sinnhaftigkeit des Engagements in Afghanistan absorbiert habe. Die Weiterentwicklung des vernetzten Ansatzes stehe damit auf dem Prüfstand.

Security Force Assistance, operative Kommunikation, Reintegration von Aufständischen und zivil-militärische Zusammenarbeit in *Peacebuilding*-Prozessen sind innovative Konzepte, die in den letzten vier Jahren des ISAF-Einsatzes umgesetzt und vor dem Hintergrund gemachter Erfahrungen optimiert wurden. Es kommt darauf an, diese Konzepte auch für künftige Einsätze zu nutzen. Ihr Vorteil besteht darin, dass sie Alternativen zur rein kinetischen Operationsführung bieten und die Abschreckungswirkung des Militärs stärker in den Vordergrund rücken. Dadurch leisten sie einen oftmals wirksameren Beitrag zur Erreichung von strategischen Zielen. Sie verdienen größere Aufmerksamkeit nicht zuletzt deshalb, um den Soldatinnen und Soldaten in der Einsatzvorbereitung sowie

der Politik und den Bevölkerungen in den truppenstellenden Staaten ein ganzheitliches, nicht auf Kampf
und Gefechte verengtes Bild künftiger Einsatzszenarien zu vermitteln.

Security Force Assistance

Marc-André Walther

Das *Security Force Assistance* (SFA) *Concept of Operations* wurde zu Beginn des Jahres 2012 im Rahmen der ISAF-Mission implementiert. Anlass war die Anpassung des ISAF *Campaign Plans* im Oktober 2011, mit dem die Weiterentwicklung der bisherigen *Counter Insurgency* (COIN) Strategie bis zum Ende der ISAF-Mission im Dezember 2014 festgelegt wurde. Das SFA-Konzept stellte damit eine Weiterentwicklung der Vorgehensweise der am ISAF-Einsatz beteiligten Nationen dar. Sie zielte darauf ab, die bis dato erreichten Fortschritte zu verstetigen und gleichzeitig die politisch beschlossene Beendigung des ISAF-Einsatzes vorzubereiten.

Kennzeichnend für das SFA-Konzept ist eine erhebliche Anpassung in der Zusammenarbeit der ISAF-Kräfte mit den *Afghan National Security Forces* (ANSF). Im Einklang mit dem eingeleiteten Transitionsprozess in Afghanistan sollte durch die Schwerpunktverlagerung weg von der eigenen aktiven Operationsführung hin zur Beratung und weiteren Ausbildung der ANSF deren Effektivität und vor allem deren eigenständige Durchhaltefähigkeit weiter verbessert werden, um so die vollständige Übernahme der Sicherheitsverantwortung in ganz Afghanistan durch die ANSF zu gewährleisten. Die ANSF sollten also stärker in die Pflicht genommen werden. Die Anpassung des Auftrages der ISAF-Kräfte wurde nicht zuletzt durch die 2012 beginnende Reduzierung der nationalen Truppenbeiträge notwendig.

Das SFA-Konzept ist keine Abkehr von dem Einsatz von Kampftruppen in dem zu Recht als Krieg bezeichneten afghanischen Szenario. Es ist vielmehr der logische nächste Schritt, um durch einen Rollenwechsel der eigenen Kräfte die Loslösung von der bisherigen aktiven Operationsführung und damit den Abschluss des Einsatzes zu ermöglichen.

Ziel ist es dabei, die nationalen Sicherheitskräfte in ihrer Leistung so weit zu befähigen, dass sie die alleinige Verantwortung für die Sicherheit übernehmen können. Dies verlangt, dass diese zu einer eigenständigen, durchhaltefähigen Operationsführung befähigt werden. Die eigenen Kräfte rücken gewissermaßen in die zweite Reihe und nehmen nur noch eine unterstützende und beratende Rolle wahr. Dabei sind die Übergänge fließend. SFA baut auf den bislang gemachten Fortschritten bei der Ausbildung der nationalen Sicherheitskräfte auf. Mit der Implementierung des SFA-Konzeptes in Afghanistan wechselte im Grunde endgültig der Träger der Operationsführung von den ISAF-Kräften zu den ANSF.

Das SFA-Konzept wurde in den Verantwortungsbereichen der jeweiligen ISAF-Regionalkommandos unterschiedlich umgesetzt. Ausschlaggebend war dabei vor allem die jeweilige Lage vor Ort, die Kräftezusammensetzung sowie nationale Planungen. Dem folgenden Beitrag liegen die gemachten Erfahrungen mit der Umsetzung des SFA-Konzepts auf deutscher Ebene sowie im Verantwortungsbereich des Regionalkommandos Nord zu Grunde.[1] Dabei wird die in sich komplexe Anpassung und Umgliederung der ISAF-Kommandostruktur nicht im Detail betrachtet.

Ausgangslage

Das SFA-Konzept basiert auf Überlegungen des ISAF-Hauptquartiers, wie der Auftrag bis zum Ende der ISAF-Mission im Dezember 2014 umzusetzen ist. Der Grundgedanke lässt sich dabei am besten mit den Worten Generals USMC J.F. Dunford wiedergeben: „SFA is a mindset requiring a fundamental change in how we operate and is the method ISAF will utilize to transition into, and maintain ANSF's lead for the security of Afghanistan."[2] Im ISAF-Operationsplan waren die eigenen militärischen Operationen und die Aufstellung, Ausbildung und Ausrüstung der ANSF zunächst getrennt. Dieser Operationsplan wurde durch das dem ISAF HQ nachgeordnete *ISAF Joint Command* (IJC) auf operativer Ebene umgesetzt und von den Regionalkommandos in ihrem jeweiligen Verantwortungsbereich auf der taktischen Ebene[3] realisiert. Dabei wurde

---

[1] Das vom *Allied Joint Force Command* Brunssum verfasste *Security Force Assistance Advisor Team Concept of Operations* ist als *NATO Restricted - Releasable to ISAF* eingestuft. Im Weiteren werden daher für Zitate die vom HQ ISAF herausgegebenen und als *NATO unclassified* eingestuften *SFA Guides* verwendet.

[2] Headquarters International Security Assistance Force/ United States Forces Afghanistan: ISAF Security Force Assistance Guide, Kabul 2013, S.1.

[3] Die Abgrenzung zwischen der operativen Ebene IJC und der taktischen Ebene Regionalkommando ist dabei nicht eindeutig zu treffen, da die Regionalkommandos in ihrem Verantwortungsbe-

die Operationsführung immer mit den bereits aufgestellten Einheiten der ANSF abgestimmt und wo immer möglich gemeinsam operiert. Zunächst waren die Kommandeure der ISAF-Regionalkommandos auch die sogenannten *Battle Space Owner* – sie hatten die Gesamtverantwortung für die Operationsführung im Raum und damit auch für die Synchronisation von ISAF und ANSF. Die ANSF entwickelten zwar auch eigene Operationspläne. Diese waren aber immer an die ISAF-Operationsführung angelehnt, beziehungsweise bauten auf ihr auf. Damit waren die ISAF-Truppen die treibende Kraft in der Operationsplanung und -durchführung. ISAF-Verbände und die ANSF operierten auf Grundlagen der Planungen angelehnt aneinander.

Das IJC war darüber hinaus auch für die weitere Ausbildung und Beratung von bereits aufgestellten ANSF-Einheiten mit Hilfe von *Advisory Teams* verantwortlich. Dazu wurden in den Verantwortungsbereichen der Regionalkommandos die sogenannten *Observation Mentoring Liaison Teams* (OMLT) eingesetzt. Grundsätzlich waren diese OMLT sowohl für die Begleitung der Einheiten der afghanischen Armee (ANA) als auch der afghanischen Polizei (ANP) vorgesehen. Ausbildung und begleitende Beratung der ANA waren, auch wenn nie alle von der NATO geforderten OMLT zum Einsatz gebracht wurden, grundsätzlich gut organisiert. Demgegenüber wurden für die ANP zwar Ausbildungseinrichtungen geschaffen, und sie

---

reich auch Aufgaben der operativen Ebene mit übernommen haben.

wurden durch Polizeiausbilder betreut; eine flächende-ckende OMLT-Begleitung konnte allerdings nicht umgesetzt werden. Im deutschen Verantwortungsbereich fand eine Begleitung der tatsächlichen Polizeiarbeit – ausgenommen der afghanischen Polizeispezialeinheiten – nur durch das niederländische Kontingent und einige US-amerikanische Beraterteams statt. Das Problem war struktureller Natur. Obwohl von deutscher Seite grundsätzlich der Ansatz der vernetzten Sicherheit verfolgt wurde, blieb die Ausbildung von ANA und ANP strikt getrennt. Die ANP Ausbildung erfolgte nach Vorgaben des Bundesinnenministeriums durch Polizeikräfte im Rahmen der aufgebauten Ausbildungseinrichtungen, was auch die Maßnahmen des *Focus District Development* beinhaltete.[4] Ein mit der Ausbildung der ANA synchronisiertes Vorgehen konnte so nur bedingt erfolgen.

Die OMLT waren bis auf die Zugebene der zu beratenden afghanischen Verbände disloziert und berieten die Führer der afghanischen Einheiten bei der

---

[4] Das *Future District Development* wurde Ende 2007 implementiert und zielte auf eine Professionalisierung der Polizeiarbeit auf der Distriktebene ab. Zielgruppe war die *Afghan Uniform Police* (AUP). In ausgewählten Distrikten werden die Einheiten der AUP durch Verbände der *Afghan Civil Order Police* ersetzt und geschlossen zur Ausbildung und Ausrüstung für acht Wochen in ein *Regional Training Center* verlegt. Nach erfolgter Professionalisierung übernehmen sie wieder die Polizeiaufgaben im jeweiligen Distrikt. S.d.: Institute for the Study of War: Afghan National Police (ANP). Establishing a Police Force for Afghanistan, https://www.understandingwar.org/afghan-national-police-anp, Zugriff am 07.11.14

Planung und der Durchführung von Operationen. Daneben stand der eigentliche Einsatz, bei dem die afghanischen Verbände zumeist gemeinsam mit ISAF-Verbänden operierten oder durch diese begleitet wurden. Zwar hatten auch die OMLT den Auftrag, „ihre" afghanische Einheit im Einsatz zu begleiten. Den Partnerverbänden (im Bereich des deutschen Regionalkommandos Ausbildungs- und Schutzbataillon genannt) wurde allerdings der Auftrag gegeben, gemeinsam mit den afghanischen Einheiten zu operieren, um diese zu unterstützen und letztendlich den Operationserfolg zu gewährleisten. Beratung und Ausbildung auf der einen Seite und begleitende, gemeinsame Operationen auf der anderen Seite fanden damit auf zwei parallelen Führungssträngen statt. Dies erforderte einen erhöhten Koordinierungsaufwand.

Die OMLT waren bei der Durchführung ihres Auftrages auch auf die Vorarbeit der *NATO Training Mission-Afghanistan* (NTM-A) angewiesen. Die NTM-A hatte den Auftrag, die Ausbildungseinrichtungen der ANA aufzubauen, die Soldaten auszubilden und die militärischen Führer zu beraten. Dies umfasste die zentralen und regionalen Ausbildungseinrichtungen. Darüber hinaus war die NTM-A für die Ausrüstung der ANA und den Aufbau der Verbände verantwortlich.[5] Verbände der ANA wurden in einer zentralen Ausbildungseinrichtung aufgestellt, ausgebildet und ausgerüstet. Die neu aufgestellten Verbände wurden

---

[5] Vgl dazu: NATO and Afghanistan,
http://www.nato.int/cps/en/natolive/topics_8189.htm?, Zugriff am 22.06.14

anschließend durch das zuständige OMLT „abgeholt" und verlegten in den jeweiligen Einsatzraum. Dort wurden sie, wie beschrieben, gemäß der beabsichtigten Operationsführung eingesetzt. Parallel erfolgte die weitere Beratung und Begleitung durch das OMLT.

Die Ausbildung der Einheiten der ANA wurde durch einen Evaluationsrhythmus begleitet, mit dem die Fortschritte der Einheiten und Verbände dokumentiert werden sollten, um den Abschluss der Ausbildung und das Einsatzende der OMLT bestimmen zu können. Dabei wurde der Ansatz verfolgt, die Begleitung durch OMLT von unten nach oben zu reduzieren, also von der untersten taktischen Ebene nach oben. Grundsätzlich war dieses Vorgehen zweckmäßig, denn auf der Teileinheitsebene entwickelte sich die ANA schneller als auf den höheren Führungsebenen. Während im Bereich des infanteristischen Einsatzes also eher Erfolge zu verzeichnen waren, blieben andere Bereiche dahinter zurück. Vor allem die Logistik, Kampfunterstützung und Planung sind Bereiche, in denen sich die ANA nur langsam weiterentwickelt. Die Gründe hierfür sind vielschichtig. Zum einen erschwert der kulturelle Hintergrund ein Arbeiten in westlich geprägten Stabsstrukturen. Weiterhin ist das afghanische Führungssystem sehr auf die Person des militärischen Führers konzentriert, was einer eigenständigen und vorausschauenden Planungsarbeit des Stabes nicht zuträglich ist. Schließlich wurde beim Aufbau der ANA zunächst auf den schnellen Aufwuchs der infanteristischen Kräfte gesetzt, was dazu führte, dass der Bereich Kampfunterstützung und Logistik zunächst nachrangig blieb. Verbunden mit der Planungsschwäche der Stabsstrukturen führte dies bei der afghanischen Armee zu Fähigkeitslücken. Mit dem beschriebenen Ansatz des Abschmelzens der Beratung von unten nach oben konnte die notwendige Beratung der höheren und höchsten Führungsebenen gleichwohl bruchfrei fortgesetzt werden, während der eigene Kräfteansatz verringert wurde. Dabei muss allerdings auch kritisch angemerkt werden, dass die Verringerung des eigenen Kräfteansatzes nicht immer einer realistischen Evaluierung folgte, da ANA-Einheiten im Evaluationsrhythmus leistungsfähiger eingestuft wurden als sie tatsächlich waren. Das hatte zur Folge, dass im Zuge der SFA Implementierung die Beratungsebenen zum Teil auf niedrigeren Führungsebenen hätten angesetzt werden müssen.

SFA-Konzept und generelle Umsetzung

Die Umsetzung des SFA erfolgte in einer Phase, in der bereits damit begonnen worden war, die Beratung auf den unteren taktischen Ebenen einzustellen und die ANSF mehr und mehr die Initiative in der Operationsführung übernahmen. Mit Beginn der Einnahme der Struktur gemäß SFA-Konzept war bereits damit begonnen worden, die *Advisor Teams* (AT) auf den unteren taktischen Ebenen (Zug- und Kompanieebene) aufzulösen. Auf der Bataillonsebene gab es nur noch bei kürzlich aufgestellten ANA-Verbänden ein zugehöriges *Advisor Team*. Lediglich auf der Brigadeebene, der Korpsebene sowie der regionalen und zum Teil auch der provinziellen Führungsebene der ANSF gab es noch *Advisor Teams*. Grundsätzlich stand dies im Einklang mit dem Transitionsprozess und der Übergabe der vollständigen Verantwortung für die Sicherheit in die Hände des souveränen afghanischen Staates. Das verlangte, den ANSF auf regionaler und gesamtstaatlicher Ebene die Verantwortung und Federführung für die Operationsplanung und -führung zu übergeben. Voraussetzung dafür waren die eigenständige, durchhaltefähige Umsetzung des Operationsplanes durch die ANSF und ein Wechsel der Operationsweise der ISAF-Kräfte. Die ANSF übernahmen die Federführung für die Operationsplanung und -führung[6], die ISAF-Kräfte wechselten in die Unterstützerrolle. SFA wurde dabei definiert als: „The Security Force Assistance (SFA) is the unified action to generate, employ and sustain local, host nation, or regional security forces in support of a legitimate authority."[7]

Der beginnende Transitionsprozess markierte auch das sich abzeichnende Ende der ISAF-Mission. Der Wechsel des Rollenverständnisses war damit die logische Fortsetzung des Engagements, aber auch der „Einstieg" in den politisch zeitlich terminierten „Ausstieg".

---

[6] So wurde der Operationsplan für das Jahr 2013, eigenverantwortlich durch die ANSF entwickelt und implementiert. ISAF entwickelte den eigenen Operationsplan nur noch zur Unterstützung der ANSF.

[7] NATO Allied Command Operations: Security Force Assistance Model,
http://www.aco.nato.int/security-force-assistance-model.aspx, Zugriff am 22.06.14

Die Durchführung von SFA wird dabei durch grundlegende Prinzipien bestimmt, die sich drei Bereichen zuordnen lassen[8]: *Mission*, *Mindset* und *Approach*.

Für den Bereich der *Mission* gelten die folgenden Prinzipien: Gemäß *One Command, one Mission* muss SFA angelehnt an die afghanische Führungsstruktur durchgeführt werden. So kann Beratung durch alle Ebenen hinweg stringent verlaufen und SFA entsprechend der afghanischen Strategie und den Erfordernissen durchgeführt werden; sie wird dabei nicht zum Selbstzweck.

„SFA ist the way to achieve mission success". Der eigene Einsatz ist dann erfolgreich, wenn die afghanischen Sicherheitskräfte ihre eigene Strategie umsetzen. Darauf hat sich die Beratung und Unterstützung auszurichten, denn nur so trägt sich der afghanische Erfolg selber.

„SFA does not equalize SFA teams". Der Erfolg der eingesetzten eigenen Kräfte ergibt sich aus dem Erfolg der afghanischen ANSF-Einheiten.

Für den Bereich *Mindset* gilt das folgende Prinzip: *One Afghan, One Advisor.* Die vertrauenswürdige und effektive Beratung setzt voraus, dass Berater und afghanischer Führer sich kennen: „Understand in order to advise". Es kommt darauf an, die afghanischen Führungsprozesse, das innere Gefüge, Absichten und Bedürfnisse zu verstehen. Nur so kann die Beratung auch dort ansetzen, wo sie wirken kann. Darüber hin-

---

[8] Headquarters International Security Assistance Force Afghanistan/ United States Forces Afghanistan: ISAF Security Force Assistance Guide 2.0, Kabul, 2014, S. 5.

aus muss SFA im Gesamtzusammenhang der vernetzten Sicherheit verstanden werden. Die Befähigung der Sicherheitskräfte ist eben nur ein Aspekt in der Stabilisierung eines Landes. Daher muss SFA in seinen Maßnahmen und Phasen immer auch im Einklang mit der weiteren politischen und wirtschaftlichen Entwicklung stehen.

„There is no single approach". SFA muss sich auf alle Entitäten der ANSF erstrecken. Sowohl Armee und Nachrichtendienst als auch Polizei haben einen entscheidenden Beitrag im Kampf gegen die Insurgenz zu leisten. Dementsprechend kommt es darauf an, dass alle Entitäten zu einem durchhaltefähigen, selbstständigen Einsatz befähigt werden.

„Their failure is not your failure". Beratung heißt nicht, keine Fehler zuzulassen. Die ANSF benötigen eigene Erfahrungswerte, um daran zu wachsen. Das schließt das Lernen aus Fehlern mit ein.

„Better the Afghan do something adequately than we do it perfectly". Das Ziel sind afghanische Sicherheitskräfte, die autark und durchhaltefähig sind. Beratung muss eine effektive Handlungsweise der ANSF zum Ziel haben, die im Rahmen der afghanischen Verfahrensweisen und Strukturen durchhaltefähig ist.

Im Bereich *Approach* geht es im Wesentlichen um den Zugang des Beraters zu seinem afghanischen Konterpart. Also gewissermaßen um die interkulturelle Kompetenz und Information. Dabei wurden folgende Prinzipien definiert:

„Always consider the Afghan perspective". Eine Beratung kann nur dann erfolgreich sein, wenn eine Lagebeurteilung aus afghanischer Sicht vorgenommen und verstanden wird. „SFA is based on Afghan needs". Die Beratung muss sich darauf konzentrieren, den afghanischen Bedarf zu erfüllen. Beispielhaft sei hier die Notwendigkeit der fortgesetzten Beratung und Unterstützung im logistischen Bereich genannt. Dabei hat sich die Beratung an dem tatsächlich Machbaren zu orientieren.

„Don't allow cultural differences divide us". Die afghanischen Entscheidungsprozesse und Handlungsweisen sind durch den kulturellen Hintergrund geprägt. Die Beratung muss die daraus resultierenden Unterschiede antizipieren und akzeptieren.

„Maintain the Sensory Network". Die abnehmende eigene Präsenz im Raum darf nicht dazu führen, dass es ein abnehmendes eigenes Lagebild gibt. In dem Maße, in dem die eigene Präsenz abnimmt und die ANSF autark agieren, ist der Informationsaustausch zu intensivieren.

„Afghans in the lead does not mean Afghan alone". Obwohl die alleinige Verantwortung für die Sicherheit in afghanische Hände übergeht, heißt das nicht, dass die eigene Unterstützung im gleichen Maße aufhört. Beratung und Unterstützung werden an die afghanischen Planungen, die Leistungsfähigkeit und die angeforderte Unterstützung angepasst.

„It is ok to say no". Die abnehmenden eigenen Fähigkeiten haben zur Folge, dass nicht mehr alle gewünschten Unterstützungsleistungen den ANSF zur

Verfügung gestellt werden können. Dies muss den afghanischen Partnern vermittelt werden. Darüber hinaus sind eigenständig handelnde ANSF ja auch Ziel von SFA.

„Learning Organization". In dem Maße, in dem sich die ANSF weiterentwickeln, bewähren sich Verfahren und Prozesse. Beratung muss dies aufnehmen und vermitteln.

Neben den skizzierten Prinzipien wurden fünf funktionale Bereiche identifiziert, in denen SFA sich auswirken muss, um das Gesamtziel zu erreichen. Mit jedem dieser Bereiche wurde ein Teilziel definiert. Die Erfüllung dieser Teilziele deckt sich im Wesentlichen mit der Lösung der bestehenden Problemfelder der ANSF. Die fünf funktionalen Bereiche wurden definiert als: „Command and Control, Leadership, Combined Arms Integration, Training, Sustainability."[9] Auf Grundlage der funktionalen Bereiche wurden Ansatz und Zusammensetzung der *Advisor Teams* definiert, um die Beratung in den Funktionsbereichen auf allen Ebenen wahrzunehmen.[10]

Den Kern der im SFA-Konzept eingesetzten Kräfte bilden die sogenannte *Partner Unit* (PU) und die *Advisor Teams*. Als *Partner Unit* wird dabei ein Verband bezeichnet, der sich aus Kampf- und Kampfunterstützungseinheiten zusammensetzt (als Beispiel kann hier die Zusammensetzung eines verstärkten/verminderten Infanteriebataillons zu Hilfe genommen werden: Vermindert um eine Infanteriekompanie und verstärkt

---

[9] Ebd., S. 7.
[10] Ebd., S. 10., D1 - D15.

40

durch Aufklärungs-, Pionier- und Kampfunterstützungsfähigkeiten, wie zum Beispiel einem *Forward Air Controller*). Die *Partner Unit* unterstützte die afghanischen Einheiten in ihrem Einsatzraum. Im deutschen Verantwortungsbereich waren dies die Einsatzräume der ANA Brigaden des 209. ANA Korps. Jede *Partner Unit* beriet beziehungsweise unterstützte dabei eine afghanische Brigade.[11] Während unter norwegischer Führung die *Partner Unit* im Westen des Verantwortungsbereiches die 1. Brigade unterstützte, wurden die 2. und die 3. Brigade durch die beiden deutschen *Partner Units* unterstützt, die aus den bis dahin eingesetzten Ausbildungs- und Schutzbataillonen hervorgegangen waren.

Die *Partner Unit* hatte im Wesentlichen drei Aufgaben: Zum Ersten ist der Kommandeur für die Beratung und Weiterentwicklung der ANSF in seinem Verantwortungsbereich zuständig. Er ist also gleichzeitig der *Senior Mentor* der afghanischen Brigade. Zum Zweiten kann er mit seinen Fähigkeiten die ANSF im konkreten Einsatzfall unterstützen. Drittens führt er die in seinem Verantwortungsbereich eingesetzten Beraterteams. Die *Advisor Teams* übernahmen ihre Aufgaben nahtlos von den noch im Einsatz befindlichen OMLT und setzten deren Arbeit fort. Sie wurden da-

---

[11] Im Verantwortungsbereich des Regionalkommandos Nord verfügte das 209. ANA Korps über 3 Brigaden, die in 4 Einsatzräumen disloziert waren. Die 1. Brig im Einsatzraum West (Provinzen Faryab, Jowzan, Sar-i Pul), die 3. Brigade im Einsatzraum Center (Provinzen Balkh und Samangan), die 2. Brigade im Einsatzraum Main (Provinzen Kunduz und Baghlan) und im Einsatzraum East (Provinzen Takhar und Badakshan).

bei entsprechend der Führungsebene, die beraten werden sollte, zusammengestellt und setzten sich aus den eigentlichen Beratern, den Sicherungselementen und einem kleinen Unterstützungselement zusammen. Die Berater waren so auszuplanen, dass sie mit ihrer Expertise alle Führungsgrundgebiete abdeckten. In den identifizierten afghanischen Mängelbereichen war es außerdem möglich, den Personalansatz zu verstärken. Grundsätzlich sieht das SFA Konzept zwei unterschiedliche Arten von *Advisor Teams* vor. Die *Military Advisor Teams* (MAT), die sich auf die Beratung der afghanischen Armee konzentrieren, sowie die *Police Advisor Teams* (PAT), die die Aufgabe der Beratung der Polizei übernehmen sollten. Gerade die Aufstellung der PAT wurde allerdings nur unzulänglich umgesetzt.

Das SFA-Konzept legte fest, die *Partner Units* mit Beginn des Transitionsprozesses in den jeweiligen Verantwortungsbereichen in *Transition Support Units* (TSU) umzubenennen. Im deutschen Verantwortungsbereich wurde diese Bezeichnung allerdings nur von den multinationalen Partnern verwendet. Die deutschen Ausbildungs- und Schutzbataillone wurden in *Partnering and Advisory Units* umgegliedert und behielten diesen Namen bis zu ihrer Auflösung Mitte 2013. Bei der Implementierung des SFA-Konzepts lag die wesentliche Änderung vor allem in der Veränderung der Arbeitsweise der ISAF-Einheiten in zwei Bereichen. Erstens diente die Kampfkraft der *Partner Units* mit Beginn des SFA-Konzepts nur noch zur Unterstützung der ANSF bei deren Operationsführung (z.B. mit einer schnellen Eingreifreserve, Pionier- beziehungsweise Aufklärungsmitteln oder Luftnahunterstützung). Die *Partner Unit* selbst führte keine eigenständigen Operationen durch. Daher hatte sie auch keine Raumverantwortung mehr, sondern unterstützte nur noch die Operationen des afghanischen Partnerverbandes beziehungsweise beriet diesen bei der Operationsplanung und -durchführung. In der Umsetzung dieses Rollenwechsels blieb festzustellen, dass die ANSF insgesamt bereit und grundsätzlich in der Lage waren, die Führungsrolle zu übernehmen. Sowohl auf der nationalen, der regionalen, aber auch der provinziellen Ebene übernahmen die ANSF die Führung. Die aktive Unterstützung der ANSF in Operationen wurde immer dann geleistet, wenn dies durch die ANSF angefordert wurde. Dabei ging es vor allem um die Unterstützung mit Fähigkeiten, die den ANSF organisch noch nicht oder nur in geringer Zahl zur Verfügung standen, wie Lufttransportraum, luftgestützte Aufklärungsmittel oder auch Luftnahunterstützung. Die Unterstützung mit Kampftruppe am Boden blieb die Ausnahme. Dennoch darf die Umsetzung des SFA-Konzepts nicht mit einer Abkehr vom Einsatz von Kampftruppen missverstanden werden. Die *Partner Unit* bestand auch aus Kampftruppen, die zum Einsatz kommen konnten, um die ANSF zu unterstützen. Diese Unterstützung ist ein elementarer Bestandteil des SFA-Konzeptes. Darüber hinaus muss berücksichtigt werden, dass auch die bei den ANSF eingesetzten Berater über einen entsprechenden Hintergrund verfügen mussten, um zum einen überhaupt von den afghanischen Partnern akzeptiert zu werden und zum anderen in ihren Fachgebieten beraten zu können. Das schließt nicht aus, dass die Berater auch aus dem Bereich der Kampf- und Einsatzunterstützung kommen konnten. Die skizzierten Defizite der ANSF machen ja gerade deutlich, dass die fachliche Beratung gerade in diesem Bereich essentiell ist, um die Durchhaltefähigkeit der ANSF zu verstetigen. Allerdings ist es eben auch die Kampftruppenexpertise, die in der Beratung – vornehmlich im Bereich der Operationsplanung und -führung – weiterhin notwendig ist.

Die Konzentration auf die Beratung ist auch die zweite wesentliche Änderung. Mit Beginn der Umsetzung wurde die Beratung der ANSF zur Schwerpunktaufgabe. Die Zusammenführung der *Advisor Teams* mit der *Partner Unit* entsprach dem Prinzip „One Command, one Mission". Die Führung aus einer Hand war die logische Konsequenz aus der Schwerpunktverlagerung zur Beratung, denn Unterstützungsbedarf für ANSF-Operationen wurde im Zuge der in der Beratung festgestellten Mängel identifiziert und durch die ANSF angefordert. Die Führung der *Advisor Teams* eines Verantwortungsbereiches aus einer Hand erlaubte darüber hinaus eine sehr zielgerichtete Steuerung der Beratertätigkeit. Dies war auch notwendig, denn gerade in den stark hierarchisch und personenfokussierten afghanischen Stabs- und Entscheidungsstrukturen kam und kommt es darauf an, Prozesse und Entscheidungen über mehrere Führungsebenen hinweg zu initiieren beziehungsweise zu begleiten.

In der Umsetzung des SFA-Konzepts wurde der Schwerpunkt darauf gelegt, eine durchgängige Beratung sicherzustellen. Die Berater konzentrierten sich dabei auf die weiterhin bestehenden Schwachstellen der ANSF. Diese lagen wie beschrieben im Planungsvermögen, der Logistik, vor allem der logistischen Durchhaltefähigkeit, der Führungsfähigkeit und der Kampfunterstützung.

Eine weitere Schwäche der ANSF war die Koordination und die Zusammenarbeit ihrer verschiedenen Entitäten. Zwar gab es mit den *Operations Coordination Centers* (OCC P/ R) auf provinzieller und regionaler Ebene grundsätzlich Einrichtungen, deren originäre Aufgabe die Koordination und Synchronisation einzelner Elemente war. Tatsächlich gingen allerdings Anspruch und Wirklichkeit weit auseinander, da die Effektivität enorm personenabhängig war und es bei den einzelnen Entitäten grundsätzlich einen Widerstand gab, den eigenen Einflussraum durch Abgabe von Befugnissen zu beschränken.

Die Fortsetzung der Beratung durch die *Advisor Teams* hatte also vor allem die Verbesserung der Problembereiche und die Verbesserung der Zusammenarbeit zwischen den Entitäten der ANSF zur Aufgabe. Schwerpunkt musste es sein, die Durchhaltefähigkeit der ANSF in zwei Bereichen zu verbessern. Zum Einen den Einsatz der Kräfte so zu planen und diese so zu versorgen, dass eine dauerhafte Präsenz im Raum möglich war. Zum Anderen die Synchronisation der Planungen der ANSF so, dass die taktischen Erfolge der ANSF durch einen durchgängigen Einsatz von Kräften aller Entitäten verstetigt werden konnten.

In der Umsetzung des SFA-Konzeptes wurden im Regionalkommando Nord als Berater nicht nur die eigentlichen *Advisor Teams*, sondern auch die Fachexpertise aus dessen Stabsabteilungen eingesetzt. So konnte gerade in den Problembereichen Logistik und Führungsunterstützung zusätzliche Beratungskapazität eingebracht werden. In der weiteren Anpassung im Rahmen der Kräftereduzierung sah die SFA-Umsetzung im Regionalkommando Nord vor, die Beratungskapazität für die ANSF vermehrt aus dem Stab zu generieren. Absicht war es, bei weiter abnehmender Truppenpräsenz die Beratung vor allem in den Problemfeldern aufrechtzuerhalten. Außerdem sollte die fortgesetzte Beratung der Stäbe der ANSF unverändert im Einklang mit der Leistungssteigerung stehen. Konkret bedeutete dies, dass bei einigen Stäben der ANSF noch eine ständige Beratung erforderlich war, während bei anderen Stäben nur eine Beratung im konkreten Fall in einem Führungsgrundgebiet notwendig war. Um die Beratung individuell umzusetzen, wurde ein sogenanntes *Hybrid-Advisor Team* konzipiert. Bestehend aus einem kleinem Rumpfberaterteam, sollten weitere Berater aus dem Stab fallweise hinzutreten. Diese Gliederung sollte auch den fließenden Übergang in die geplante ISAF-Folgemission *Resolute Support* ermöglichen. Auch dies war im Einklang mit dem SFA-Konzept, das je nach Einsatzbereitschaft der afghanischen Einheit beziehungsweise Führungseinrichtung drei Ebenen der Beratung vorsah. Im sogenannten *Le-*

vel 1 Advising die ununterbrochene tägliche Beratung und Begleitung. Im *Level 2 Advising* die regelmäßige Beratung zur Begleitung von Prozessen und Entwicklungen. Dabei sind die Berater aber weiterhin bei ihren Counterparts eingesetzt. Das *Level 3 Advising* sieht nur noch unregelmäßige Beratung beziehungsweise Beratung im konkreten Einzelfall, zum Beispiel bei der Planung für eine bestimmte Operation, vor. Die *Advisor* treten nur für die Einzelfallberatung zu ihren Counterparts hinzu.[12]

Das SFA-Konzept und die Umsetzung beschränkten die Beratung aber nicht auf die regionale Ebene. Unverändert wurde die Beratertätigkeit auf der höchsten Führungsebene, also den afghanischen Ministerien, fortgesetzt. Hier sahen die Planungen im Rahmen der weiteren Anpassungen und der Ausplanung der ISAF-Folgemission noch eine Intensivierung der Beratung durch zusätzliche Beraterteams vor.

Bewertung

Das in Afghanistan umgesetzte SFA-Konzept ist nicht gänzlich neu. Bereits im Irak-Einsatz wurde es von den US-Streitkräften verwendet, um die irakische Armee wieder aufzubauen und einsatzbereit zu machen.[13]

---

[12] Headquarters International Security Assistance Force Afghanistan/ United States Forces Afghanistan: ISAF Security Force Assistance Guide 2.0, Kabul, 2014, S. 5f.

[13] Vgl dazu Simering, Michael J.: The Limitations of Security Force Assistance and the Capabilities of the U.S. Army, in: Small Wars Journal,

Darüber hinaus ist die gezielte Beratung und Ausbildung fremder Streitkräfte oder Milizen unter der Bezeichnung *Military Assistance* ein fester Bestandteil des Portfolios von Spezialkräften.[14] Mit dem SFA wird dieser Ansatz allerdings auf konventionelle Kräfte übertragen und in einem größeren Umfang betrieben.[15] Das Ziel bleibt dabei im Grunde dasselbe: Die Befähigung militärischer Kräfte eines Landes zur autarken Wahrnehmung ihrer Aufgaben und zur Durchsetzung von Sicherheit, um ein stabiles Sicherheitsumfeld aufrechtzuerhalten und eigene Kräfte freizusetzen. So heißt es im ISAF *Security Force Assistance Guide 2.0*: „SFA is a unified action to generate, employ, and sustain hostnation security forces in support of a legitimate authority. Military forces conduct SFA to facilitate a host nation's ability to deter, defeat, and defend against transnational threats to stability. SFA devel-

---

http://smallwarsjournal.com/jrnl/art/the-limitations-of-security-force-assistance-and-the-capabilities-of-the-us-army, Zugriff am 11.06.14, oder auch Thornton, Rob: What is Security Force Assistance & What is JCISFA, in: Small Wars Journal Blog Spot, http://smallwarsjournal.com/blog/what-is-security-force-assistance-what-is-jcisfa, Zugriff am 28.08.14

[14] So wurde u.a. in Afghanistan die als *Afghan Local Police* (ALP) aufgestellten „Dorfbürgerwehren" durch Spezialkräfte ausgebildet.

[15] Nicht weiter betrachtet werden hier die Unterschiede zwischen *Military Assistance*, wie sie von Spezialkräften durchgeführt wird, und SFA, die sich unter anderem aus dem Kräfteansatz, Zeitansatz, Umweltbedingungen, etc. ergeben.

opments tasks are to organize, train, equip, rebuild, and advise."[16]

Konzept und generelle Umsetzung für sich betrachtet zeigen eine Möglichkeit auf, die sich zur Fortsetzung von Operationen empfiehlt, um eine Konfliktregion nachhaltig zu sichern, zu kontrollieren und damit zu stabilisieren, bei gleichzeitiger Reduzierung der eigenen Kräfte und Beendigung des eigenen offensiven Engagements. Konsequent umgesetzt, ermöglicht SFA den bruchfreien Übergang von der eigenen aktiven Operationsführung hin zu einer Übergabe der Operations- und damit der Sicherheitsverantwortung an die nationalen oder auch regionalen Sicherheitskräfte. Dabei erlaubt die Flexibilität des Konzepts, diese Übergabe der Verantwortung an die Leistungsfähigkeit der Sicherheitskräfte anzupassen. Der Übergang ist fließend. Durch die fortgesetzte Beratung und Ausbildung wird diese Situation verstetigt, bis sie selbsttragend ist. Damit kann der eigene Einsatz beendet werden beziehungsweise, wie es in Afghanistan bereits erfolgt ist, durch eine reine Beratermission ersetzt werden.

Die Verschmelzung von Beratung und Manöverelementen in einer stringenten Führungsstruktur trägt dabei zur Flexibilität bei und erlaubt es, Beratung und Unterstützung aufeinander aufbauend an den Erfordernissen auszurichten. Dabei kommt es darauf an, die Zusammensetzung der *Advisor Teams* ebenfalls damit abzustimmen. Wie am afghanischen Beispiel ge-

---

[16] Headquarters International Security Assistance Force Afghanistan/ United States Forces Afghanistan: a.a.O., S. 3.

zeigt, kann dies vor allem auch den Einsatz von Beratern aus dem Bereich der Führungs- und Einsatzunterstützung erfordern. Es ist jedoch keine Abkehr vom Einsatz von Kampftruppen. Im Gegenteil werden diese ein integraler Bestandteil bleiben, sei es in der beschriebenen *Partner Unit*, wo sie auch schon zum Eigenschutz notwendig sind, oder sei es als Berater. Ebenso wie der logistische Berater oder der Berater in der Kampfunterstützung muss auch der Berater in der Operationsführung den notwendigen Erfahrungshintergrund mitbringen, um bestehen zu können. Dies ist allein schon eine Frage der Akzeptanz durch die zu beratenden Partner. Darüber hinaus bedeutet SFA nicht notwendigerweise eine Abkehr vom Kampf. Je nach Lage vor Ort wird der Kampf durch die zu beratenden Sicherheitskräfte fortgesetzt. Durch die Beratung bleibt man zumindest mittelbar, im konkreten Unterstützungsfalle auch unmittelbar involviert. SFA wird auch in zukünftigen Kampfeinsätzen beziehungsweise in deren Beendigung eine Rolle und Zweckmäßigkeit haben. Es wäre jetzt jedoch falsch, daraus die Notwendigkeit abzuleiten, die eigenen Kräftestrukturen auf eine alleinige SFA-Aufgabe anzupassen. Zum einen kommt es immer darauf an, in welcher Phase und Situation in einem Konflikt eingegriffen wird. Nur selten kann unmittelbar mit SFA begonnen werden, sondern es müssen zunächst die Voraussetzungen dafür geschaffen werden. Das verlangt dann unter Umständen wieder die Befähigung zu eigenen kinetischen Operationen und damit eine ausreichende Kampfkraft der eingesetzten Kräfte. Das SFA-Konzept sieht diesen Übergang vom eigenen Einsatz zu

Beratung und Unterstützung der auszubildenden Streitkräfte vor. Dabei erfolgt die Beratung immer auf Grundlage der Fachexpertise der Berater.

Im Rahmen der aktuellen Bundeswehrreform sind auf Brigadeebene neue Stabsabteilungen, die sogenannten Abteilungen Militärische Ausbildungsunterstützung, eingerichtet worden. Konsequent nach dem SFA-Konzept eingesetzt, könnten sie das zweckmäßige Bindeglied darstellen. Letztlich zeigen aber auch die aktuellen, globalen sicherheitspolitischen Entwicklungen, dass die Ausrichtung von Streitkräften immer eine breite Qualifizierung benötigt, um im Einsatz zu bestehen.

SFA, wie der Einsatz militärischer Gewalt als solches, darf dabei nicht alleinstehend betrachtet werden. In der Komplexität heutiger Kriege und COIN-Szenarios, wie beispielsweise in Afghanistan, ist der Einsatz militärischer Gewalt zur unmittelbaren Bekämpfung des Gegners oder auch zur Befähigung anderer Sicherheitskräfte, dies zu tun, unabdingbar, aber eben nur ein Aspekt einer erfolgreichen Strategie. Das SFA-Konzept muss hier als ein Teil der vernetzten Sicherheit verstanden werden, bei der nur das koordinierte und synchronisierte Zusammenwirken aller politischen, wirtschaftlichen, sozialen und militärischen Maßnahmen den Erfolg bringt.[17]

Insgesamt ist SFA ein zweckmäßiges Konzept, dass seinen festen Platz in zukünftigen Einsätzen haben wird. Der Erfolg hängt allerdings von der konse-

---

[17] Vgl. dazu auch O'Neill, Bard E.: Insurgency & Terrorism, 2nd revised Edition, Washington D.C., 2005, S. 177ff.

quenten Umsetzung ab. Der Aufbau einer sich selbst tragenden Sicherheitsstruktur bedarf Zeit. Darüber hinaus bedarf es einer realistischen Zielsetzung, um die Fähigkeiten auszubilden, welche die in die Verantwortung zu stellenden Sicherheitskräfte haben sollen. Das verlangt, die Umsetzung von SFA in einem Einsatz nach den Gegebenheiten vor Ort, den Fakten und eben den Entwicklungen auszurichten. Gerade das sieht das SFA-Konzept ja vor. Die Implementierung anhand eines festgelegten Ausstiegsdatums oder einer politisch motivierten Zeitlinie widerspricht dem und führt dazu, dass Zielsetzungen und Vorgaben verwischt werden.[18] Das hat zur Folge, dass die im SFA-Konzept vorgesehenen Phasenübergänge nicht an den Fakten vor Ort festgelegt werden und das Konzept daran scheitert, dass die für eine selbsttragende Sicherheitsstruktur notwendigen Faktoren nicht geschaffen wurden. Inwieweit sich der Erfolg in Afghanistan einstellt, bleibt abzuwarten. Der Kern des SFA-Konzeptes ist die *unified action*. Das verlangt, dass gerade zu Beginn der Implementierung alle erforderlichen Beratungs- und Unterstützungskräfte in vollem Umfang zur Verfügung stehen. Bei der Koordinierung der ANSF-Entitäten lag das Problem nicht nur in den Unzulänglichkeiten und Eigenheiten der afghanischen Stabsstrukturen. Das Problem lag auch im Mangel an

---

[18] Vgl. dazu u.a.: Ruttig, Thomas: Opaque and Dilemma-Ridden: A look back at transition, in: Afghan Analyst Network, 12.08.2013, https://www.afghanistan-analysts.org/opaque-and-dilemma-ridden-a-look-back-at-transition/?format=pdf, Zugriff am 15.08.14.

Advisor Teams für die Beratung der Polizei. Im Zuge der Implementierung des SFA-Konzeptes wurde die Beratung der regionalen Polizeihauptquartiere durch umgegliederte *Military Advisor Teams* übernommen, da dafür keine *Police Advisor Teams* zur Verfügung standen. Damit konnten zwar grundlegende Themen in der Stabsarbeit beraten werden, nicht aber die eigentliche Polizeiarbeit. Dies erschwerte auch die Koordination zwischen ANA und ANP. Während die afghanische Armee „nur" den unmittelbaren Kampf gegen die Insurgenten führen sollte[19], die *Clear Phase*, sollte die ANP die Aufgabe übernehmen, den freigekämpften Raum in der *Hold Phase* zu kontrollieren, damit sich die ANA der nächsten Aufgabe zuwenden konnte. Aufgrund der mangelnden Koordination zwischen Polizei und Armee in der Durchführung der einzelnen Operationen kam es meistens dazu, dass Armee-Einheiten langfristig gebunden wurden oder Polizeieinheiten nur verspätet eintrafen.

Darüber hinaus wurde der Einsatz von *Advisor Teams* auf den unteren Führungsebenen der ANA zum Teil zu früh eingestellt, so dass sich selbsttragende Strukturen nicht überall entwickeln konnten.

Die konsequente Umsetzung des SFA-Konzepts verlangt auch das Vorhandensein der entspre-

---

[19] Das ISAF COIN-Konzept sieht die Phasen *Shape* (gewissermaßen die Informationsgewinnung und Vorbereitung), *Clear* (das Herausdrängen oder Zerschlagen der Insurgenten in einem Raum), *Hold* (die Kontrolle des freigekämpften Raumes) und die Phase *Build* (den Aufbau von Regierungsinstitutionen, Administration, Versorgung, Infrastruktur, Kommunikation,…) vor.

chenden Führungsstrukturen, Unterstellungsverhält-
nisse und Befugnisse. Im deutschen Verantwortungsbereich wurde dies bei den deutschen *Partner Unit* allerdings nur bedingt umgesetzt. So wurde das in der
Provinz Baghlan auf dem *OP North* eingesetzte Aus-
bildungs-/Schutzbataillon zwar in eine *Partner Unit*
umgegliedert, jedoch nicht aus der Raumverantwortung genommen. Damit war eine Unterstützung der
3. ANA Brigade im Raum Mazar-e Sharif mit den Ma-
növereinheiten der *Partner Unit* gar nicht möglich. Nur
das *Advisor Team* der 3. Brigade befand sich in Mazar-e
Sharif. Dies machte aufgrund der Lage vor Ort in
Baghlan Sinn, konterkarierte allerdings den für das
SFA-Konzept erforderlichen Kräfteansatz.

Insgesamt ist SFA ein vielversprechendes
Konzept, dessen erfolgreiche Umsetzung aber die
Schaffung der entsprechenden Voraussetzungen vor
Ort benötigt und nur effektiv ist, wenn es konsequent
umgesetzt wird. Hier ist vor einem Einsatz vor allem
der Wille der politischen Entscheidungsträger gefragt.

Literatur

Hammes, Thomas X.: The Sling and the Stone. On
     War in the 21st Century, St Paul, USA, 2006.
Headquarters International Security Assistance Force/
     United States Forces Afghanistan: ISAF Secu-
     rity Force Assistance Guide, Kabul 2013.
Headquarters International Security Assistance Force/
     United States Forces Afghanistan: ISAF Secu-
     rity Force Assistance Guide 2.0, Kabul 2014.

Institute for the Study of War: Afghan National Police (ANP). Establishing a Police Force for Afghanistan,
https://www.understandingwar.org/afghan-national-police-anp, Zugriff am 07.11.14.

NATO: NATO and Afghanistan,
http://www.nato.int/cps/en/natolive/topics_8189.htm?, Zugriff am 22.06.14.

NATO: Allied Command Operations: Security Force Assistance Model,
http://www.aco.nato.int/security-force-assistance-model.aspx, Zugriff am 22.06.14.

Nagl, John A.: Learning to eat Soup with a Knife, Chicago 2005.

O'Neill, Bard E.: Insurgency & Terrorism, 2nd Revised Edition, Washington D.C., 2005.

Ruttig, Thomas: Opaque and Dilemma-Ridden: A look back at transition, in: Afghan Analyst Network, 12.08.2013,
https://www.afghanistan-analysts.org/opaque-and-dilemma-ridden-a-look-back-at-transition/?format=pdf, Zugriff am 15.08.14.

Simering, Michael J.: The Limitations of Security Force Assistance and the Capabilities of the U.S. Army, in: Small Wars Journal,
http://smallwarsjournal.com/jrnl/art/the-limitations-of-security-force-assistance-and-the-capabilities-of-the-us-army, Zugriff am 11.06.14.

Small Wars Journal: Thornton, Rob: What is Security Force Assistance & What is JCISFA, in: Small Wars Journal Blog Spot, http://smallwarsjournal.com/blog/what-is-security-force-assistance-what-is-jcisfa, Zugriff am 28.08.14.

Information und Kommunikation in Einsätzen

Frank Pieper

Wodurch werden eigentlich Stabilisierungsoperationen entschieden? Der Antwort auf diese Frage will sich dieser Beitrag nähern. Dahinter steckt der Versuch zu erkennen, was eine von zivilen und militärischen Akteuren getragene Operation zur Stabilisierung eines Landes zu einem Erfolg oder Misserfolg werden lässt. Beobachtungsfelder dafür gibt es hinreichend. Die Bundeswehr war in den letzten beiden Jahrzehnten mit SFOR, KFOR und ISAF an gleich drei großen und langjährigen Stabilisierungsoperationen beteiligt. Wenn auch hier vorrangig die ISAF-Mission in Afghanistan als Bezug herangezogen wird, fließen dennoch die Erkenntnisse aus Bosnien und Herzegowina sowie aus dem Kosovo mit ein.

Eine erste, noch etwas ausweichende Teilantwort auf die Ausgangsfrage, die sich in allen drei Einsatzgebieten nachweisen lässt, ist: Der finale Erfolg einer Stabilisierungsoperation wird aller Erfahrung nach nicht durch das Element „militärischer Kampf" herbeigeführt. Diese vordergründig banale These trägt einiges Diskussionspotential in sich. Denn Streitkräfte sind der wahrgenommene Kern einer Stabilisierungsoperation und ihre zentrale Kernkompetenz ist eben genau der Kampf.

Es gilt anzumerken, dass diese Teilantwort zugegebenermaßen auf einer Betrachtungsweise beruht, die vorrangig für die operative Führungsebene des eingesetzten Militärs gilt. Sie gilt nicht für die taktische Ebene im „Mikrokosmos" eines Dorfes oder eines in seiner räumlichen Ausdehnung überschaubaren Distriktes. Hier können der Kampf und insbesondere das kinetische Vorgehen gegen die militanten Gegner sehr wohl einen spürbaren Beitrag zur Sicherheitslage und damit zur Stabilisierung hervorrufen. Doch für die räumlich oft deutlich größeren Provinzen oder den gesamten Verantwortungsbereich einer Mission gilt diese Regel oft schon nicht mehr. Die Hauptursache liegt dabei wohl in der Unmöglichkeit, einen derart großen Raum mit der entsprechenden Dichte an Soldaten abzudecken. Damit fehlt die Fähigkeit, den Gegner jederzeit und überall bekämpfen zu können.

Nähern wir uns der möglichen Bedeutung des Kampfes am Beispiel Afghanistans. Als der russische Bär 1979 über den Berg ging[1], blieb er zehn Jahre in Afghanistan. Eine Vielzahl ihrer taktischen Gefechte gegen die Mujaheddin haben die Russen in diesen Jahren verloren. Am Ende der Operation haben sie Afghanistan verlassen und ihren Gegner nahezu unverändert schlagkräftig zurückgelassen. Eine langfristige Stabilisierung und Befriedung Afghanistans wurde nicht erreicht.

Die NATO war ab 2001 im Auftrag der Vereinten Nationen einen vergleichbar langen Zeitraum in Afghanistan. Die Truppen der ISAF haben aufgrund ihrer Führungs- und Wirkungsüberlegenheit nun ihrer-

---

[1] "The Bear went over the Mountain - Soviet combat tactics in Afghanistan", Lester Grau, 1998

seits nahezu jedes taktische Gefecht gegen die Aufständischen gewonnen. Zudem konnte durch das Wirken der Spezialkräfte eine unglaublich große Zahl von Führern der Aufständischen aller Ebenen festgesetzt oder getötet werden. Dennoch ist der militärische Widerstand weitgehend ungebrochen; eine langfristige, sich selbst tragende Stabilisierung des Landes wurde nur zum Teil erreicht.

Daraus kann man den Schluss ziehen, dass aus operativer Sicht weder der Kampf an sich noch die Art des Kampfes oder sein Erfolg ausschlaggebend sind für den Ausgang einer Stabilisierungsoperation. Dieses ist angesichts der Zahl der im Kampf gefallenen ISAF- und ANSF[2]-Soldaten und der noch höheren Zahl ziviler afghanischer Opfer eine zunächst ratlos machende Erkenntnis.

Auch wenn damit die operative Bedeutung des Kampfes in Frage gestellt wird, soll an dieser Stelle bereits deutlich gemacht werden: Es geht in dieser Analyse nicht darum, der Wirksamkeit und Notwendigkeit kinetischen Vorgehens im Rahmen einer Stabilisierungsoperation die Bedeutung abzusprechen. Im Gegenteil, klar und unverrückbar ist: Eine Stabilisierung lebt von dem glaubwürdig angedrohten, jederzeit möglichen Übergang in die militärische Gewaltanwendung. Dieser kann professionell nur durch Streitkräfte vollzogen werden.[3] Damit wird der militärische Kampf

---

² *Afghan National Security Forces*
³ In Ausnahmefällen können spezialisierte Militärpolizeikräfte wie *Carabinieri*, *Guarda Civil* oder *Gendarmerie* diese Aufgabe wahrnehmen.

zur Voraussetzung und Grundlage für alle anderen Maßnahmen einer Vernetzten Sicherheitspolitik sowie für die Wirksamkeit aller anderen Akteure in einem Stabilisierungseinsatz.

Dieses gilt insbesondere für eine Aufstandsbewältigung[4], die eine Sonderform der Stabilisierung darstellt. Im Rahmen einer Aufstandsbewältigung ist das militärische Niederringen der ideologisch verblendeten und nicht zu überzeugenden Hardliner unter den Aufständischen ein unverzichtbarer und integraler Bestandteil der Operationsführung. Dennoch scheint der Kampf trotz seiner strukturellen Bedeutung lediglich eine flankierende und keinesfalls *die* entscheidende Maßnahme zu sein. Und selbst als erfolgreich durchgeführte flankierende Maßnahme kann die Wirkung einer kinetischen Operation wirkungslos verpuffen.

Ein kurzes Szenario soll diese These verdeutlichen: In einem kleinen Dorf im Distrikt Archi (Provinz Kundus im Norden Afghanistans) wird in einer nächtlichen Spezialkräfteoperation zusammen mit afghanischen Polizeikräften ein örtlicher Taliban-Führer in seiner *Beddown location* festgesetzt. Diesen Vorgang erfahren zunächst einmal nur die Bewohner des betroffenen Dorfes. Wenn nun tatsächlich niemand außer den vielleicht zwanzig Augenzeugen dieses abgelegenen Dorfes vom Erfolg und der Wirksamkeit dieser Operation erfährt, dann ist der Beitrag zum Erreichen der Operationsziele der Gesamtoperation in der Provinz Kundus gering. Noch schlimmer wird es, wenn

---

[4] Aufstandsbewältigung wird im Angelsächsischen mit *Counter Insurgency* (COIN) übersetzt.

ISAF und ANSF die Deutungshoheit über diese kinetische Operation verlieren. Gelingt es der gegnerischen Propaganda beispielsweise, die Tötung des Taliban-Führers erfolgreich in die Tötung eines unbescholtenen afghanischen Bürgers und die Ermordung seiner unschuldigen Frau und Kinder umzudichten, dann kann die eigentlich erfolgreiche taktische Maßnahme aus operativer Sicht sogar negative Effekte erzeugen.

Damit nähern wir uns der Antwort auf die Frage, was in einer Stabilisierung möglicherweise entscheidend sein kann. Es ist offensichtlich nicht so sehr das, was tatsächlich *on the ground* passiert, sondern vielmehr die Wahrnehmung und Deutung des jeweiligen Vorganges in den unterschiedlichen Wahrnehmungsgruppen. Die Erfahrung zeigt in der Tat, dass für das Handeln eines Individuums sowie ganzer Bevölkerungsgruppen nicht die objektive Wahrheit des Moments, sondern das jeweils projizierte Bild dieses Momentes und die dazugehörige Bewertung entscheidend sind. Es ist das Abbild des Sachverhaltes, das man vor seinem geistigen Auge sieht und an welches man als eine Art 'persönlicher Realität' glaubt.

Für die militärischen und zivilen Verantwortlichen, die im Auftrag internationaler Organisationen Operationen durchführen, die letztendlich im *Statebuilding* münden sollen, beinhaltet dieser Umstand folgende Erkenntnis: Wenn die vielfältigen Anstrengungen und Maßnahmen in den unterschiedlichen militärischen und zivilen Handlungsfeldern wirklich erfolgreich sein sollen, müssen die dazugehörigen Wahrnehmungen aktiv gestaltet werden.

Eine gute Tat erzeugt eine gute Wahrnehmung und diese wiederum führt zu gutem Verhalten. Die Gültigkeit dieser augenscheinlich naturgesetzlichen Kausalkette lässt sich nicht durch Erfahrung in den Einsatzgebieten belegen. Es kann schon eher als psychologische Grunddeterminante menschlichen Lebens gelten, dass nur die gezielte Modellierung der guten Tat zu einer guten Wahrnehmung überhaupt erst eine Chance für gutes Verhalten bietet.

Wodurch kann nun die Wahrnehmung von Nichtaugenzeugen modelliert werden? In allererster Linie durch Kommunikation. Die Fähigkeit von Streitkräften zu einer integrierten und ganzheitlichen Kommunikation wird damit folgerichtig zur Schlüsselfähigkeit für eine erfolgreiche Stabilisierung. Die unterschiedlichen Wahrnehmungsgruppen werden dieser Argumentation folgend zu Zielgruppen. Mit diesen Zielgruppen muss auf unterschiedlichen Wegen, mit unterschiedlichen Mitteln sowie zielgruppenoptimierten Botschaften im Sinne und zum Zwecke einer erfolgreichen Operationsführung kommuniziert werden.

Wenn man nach Afghanistan schaut, bedeutet dies beispielsweise, dass der Aufbau des afghanischen Staates und einer sich selbst tragenden Sicherheit nur gelingen kann, wenn die Mehrzahl der Afghanen an das positive Wirken und die grundsätzliche Leistungsfähigkeit der ANSF glaubt. Die ANSF wiederum können nur erfolgreich und positiv wirken, wenn sie an sich selbst glauben. Die Gesamtoperation kann über die Dekaden ihrer Dauer nur erfolgreich sein, wenn die Öffentlichkeit (Presse, Politik, Bevölkerung) in den

Entsendestaaten grundsätzlich an sie glaubt und sie unterstützt. All diese Effekte sind nur durch gezielte Kommunikation zu erreichen.

Gezielte Kommunikation heißt jedoch weder Manipulation noch Propaganda. Grundlage jeglicher Kommunikationsaktivität der Bundeswehr war, ist und bleibt das Prinzip der Glaubwürdigkeit. Es gilt der Grundsatz, dass Tatsachen nicht verfälscht, geschönt, hingebogen oder gar erfunden werden. Es ist jedoch legitim, die Tatsachen mit zielgerichteten Botschaften, unter Anwendung von der Zielgruppe vorrangig genutzter Medien und mit einer passgenauen Sprache so bekannt zu machen, dass die erzielte Wirkung eine möglichst positive im Sinne der Unterstützung der Gesamtoperation ist. Denn nur wenn alle beteiligten Wahrnehmungsgruppen eine positive Wahrnehmung haben, kann auch die tatsächliche Entwicklung positiv sein. Diese Abhängigkeiten sind auch in anderen Gesellschaftsbereichen wie beispielsweise der Wirtschaft nicht unbekannt.

Operative Information[5] und die damit verbundene Beeinflussung von freigegebenen Zielgruppen im Einsatzgebiet ist seit den ersten Einsätzen der Bundeswehr ein etablierter und integraler Bestandteil der Operationsführung. Das gleiche gilt für die Presse- und Informationsarbeit im Einsatzgebiet und in

---

[5] Im Angelsächsischen mit *Psychological Operations* (PSYOPS) übersetzt. In der neuausgerichteten Bundeswehr ist die Fähigkeit OpInfo mit der Stabsfunktion InfoOp zur neuen Fähigkeit Operative Kommunikation der Bundeswehr (OpKomBw) zusammengeführt worden

Deutschland. Lange Zeit waren diesen beiden Eckpfeiler der Kommunikation jedoch organisatorisch und damit auch inhaltlich strikt voneinander getrennt. Das führte zur Nichtabbildung der in der NATO bereits etablierten Fähigkeit „Informationsoperationen planen und durchzuführen zu können". Die auf der Hand liegende Notwendigkeit, übergreifend alle Kommunikations- und Informationsaktivitäten aus einer Hand zu planen und zu koordinieren, hat sich angesichts dieser traditionellen Trennung nur langsam über die Zeit entwickelt und erst spät die entsprechende Berücksichtigung in den Stabsstrukturen gefunden.

Im ISAF *Regional Command North* (RC N) hat diese taktisch-operative Notwendigkeit zur kohärenten Planung, Koordinierung und Kontrolle aller Kommunikationsaktivitäten im Jahre 2010 zu einer konzeptionellen Neuausrichtung der Stabsstruktur geführt. Erstmalig in einem deutsch dominierten Stab wurden die Bereiche Presse und Öffentlichkeitsarbeit, Informationsoperationen, Operative Information, Interkulturelle Einsatzberatung, Einsatzkamerateam und *Gender Adviser* in einer Abteilung[6] zusammengefasst. Damit waren alle planerischen Kapazitäten sowie wesentliche Wirkmittel der Kommunikation erstmalig in *einer* Hand. Als wesentlicher Arbeitsmuskel für die Medienproduktion war dieser Abteilung ein hochgradig leistungsfähiges *Regional PSYOPS Support Element* (RPSE) zugeordnet. Das RPSE, bestehend aus ca. 30 Soldaten und 80 afghanischen Zivilangestellten, betrieb unter

---

[6] Unter dem Namen: *Deputy Chief of Staff Communication* (DCOS COM)

dem gemeinsamen „Brand" BAYAN e SHAMAL (Stimme des Nordens) ein eigenes Radio (24/7) und eine Website, produzierte Fernsehspots und war verantwortlich für die Planung und Erstellung aller erforderlichen Printprodukte. Darüber hinaus wurden durch den DCOS COM die *Tactical PSYOPS Teams* (TPT) sowie die Pressestabsoffiziere der in der Fläche eingesetzten *Task Forces* fachlich gesteuert. TPTs werden, eingegliedert in die Patrouillen, zu allen Formen der Direktkommunikation eingesetzt. Das beinhaltet u.a. *Face to Face* (F2F) und Abstandskommunikation über Lautsprecher.

Diese Stabsstruktur hat sich als so erfolgreich, tragfähig und belastbar erwiesen, dass sie bis zum Ende der ISAF-Mission gehalten hat. Mitte 2013 wurde zudem zusätzlich noch der Anteil Zivil-militärische Zusammenarbeit (CIMIC) des Stabes hinzugefügt[7]. Die täglichen Synergien von Kommunikation aus einer Hand und der damit abgestimmten Effekte in den unterschiedlichsten Zielgruppen konnten einen wesentlichen Beitrag zur Operationsführung des RC N leisten. Die klare und eindeutige Zuständigkeit des *DCOS Communication* für diesen Gesamtprozess hat sich als Schlüssel zum Erfolg erwiesen.

Eine grundlegende Erkenntnis der täglichen Arbeit dieser neuen Abteilung war, dass die in Deutschland oft als unüberwindbar empfundene Hürde zwischen der Presse- und Informationsarbeit auf der einen sowie Informationsoperationen und Opera-

---

[7] Unter dem Namen: *Director Operational Communication and Civil Outreach* (DIR OPCCO)

tiver Information auf der anderen Seite sich in der Realität als quasi nicht existent erwiesen hat. Beide Bereiche beruhen aus deutscher Sicht auf dem alles überragenden Prinzip der Glaubwürdigkeit. Täuschungen, Desinformation oder gar gezielte Fehlinformationen sind, wie bereits ausgeführt, in keinem der Bereiche eine erlaubte bzw. taktisch akzeptable Methode.

Unabhängig davon ist es jedoch selbstverständlich und selbsterklärend, dass beide Bereiche ihren spezifischen Zielgruppen spezielle, auf beabsichtigte Effekte ausgerichtete Teile der Wahrheit anbieten. Was dabei kommuniziert wird, hat wahr zu sein. Das ist und bleibt ein eiserner Grundsatz. Doch ist es genauso gültig, dass nicht alles, was wahr ist, auch zwingend kommuniziert werden muss. Beide Bereiche vollziehen also am Ende des Tages interessengeleitete und auf Effekte ausgerichtete Kommunikation und Information.

Die klassische Wahrnehmung, nach der Akteure im Bereich Operativer Information und Informationsoperationen mit eher „anrüchigen" Methoden Meinungen manipulieren, während Presseoffiziere grundsätzlich unanfechtbare Wahrheitsverkünder darstellen, hat sich in der Praxis also als Fehlassoziation erwiesen. Doch nicht nur die Zusammenfassung aller Planer und Wirkmittel der Kommunikation in einer Abteilung ist ein zukunftsweisender Weg. Auch die hierarchische Einordnung der Abteilung *DCOS COM* auf einer Ebene mit den zur Führung einer militärischen Operation notwendigen klassischen Abteilungen und der direkte Zugang zum verantwortlichen Kommandeur haben sich umfänglich bewährt.

Über den Abteilungsleiter *DCOS COM* waren das Einbringen der Dimension Informationsumfeld und damit das Denken in Effekten und *nicht* in Handlungen in jede Planungs- und Entscheidungssituation sichergestellt. Die vor allem in Richtung eines Kommandeurs so wichtige Beratung hinsichtlich möglicher Effekte seiner militärischen Handlungen im Informationsraum war somit stets gewährleistet. Von welch überragender Bedeutung eine solche Beratung sein kann, wird an der medialen und öffentlichen Aufarbeitung der Bombardierung zweier Tanklaster im Kundus-Fluss im September 2009 deutlich.

Durch die nunmehr bestehende Möglichkeit der ganzheitlichen Analyse des Informationsumfeldes Nordafghanistan und die umfassende Beratung in Fragen der Kommunikation aus einer Hand konnte ab 2010 die Operationsführung im RC N effektiver unterstützt werden. So konnten z.B. durch die Bereitstellung von Analyseleistungen Fehler in der Operationsführung vermieden werden. Hierfür ein Beispiel: Soldaten, vor allem solche in Führungspositionen, entscheiden und handeln in der Regel schnell und proaktiv. Diese für das Gefecht zwingend erforderliche Eigenschaft wird Soldaten von Grund auf anerzogen und antrainiert. Nun gibt es jedoch in Stabilisierungsoperationen zahlreiche Momente und Situation, in denen sofortiges Handeln kontraproduktiv sein kann. Eine dieser Situationen war die Veröffentlichung Islam-feindlicher Karikaturen im InterNet. Die Einleitung sofortiger Maßnahmen zur *Force Protection*[8] aus Sorge vor „*Green on Blue*"[9] Vorfällen hätte u.a. zur zeitlich befristeten Aufgabe der *Partnering*-Aktivitä-ten[10] mit den ANSF[11] geführt. Die von den Analysten im Bereich der Kommunikation identifizierten Verhaltens- und Wahrnehmungsmuster (*Pattern*) konnten zu der Bewertung beitragen, dass für derart rigide Maßnahmen noch keine Notwendigkeit bestand. Damit konnte diese intuitiv naheliegende Sofortmaßnahme letztlich vermieden werden.

Dies war ein Erfolg für die Operationsführung im deutschen Verantwortungsbereich; denn jedes Aussetzen des *Partnering* ist verbunden mit dem Ausdruck massiven und tiefsten Misstrauens gegenüber den ANSF. Diese Wahrnehmung kann zu Vertrauensverlust im zentralen Handlungsfeld *Security Force Assistance* führen und damit zu einem retardierenden Moment der Operationsführung werden. Eine solche Maßnahme muss daher gut abgewogen werden. Im vorliegenden Fall konnten durch eine professionelle Analyse des Informationsumfeldes negative Effekte in der „Zielgruppe ANSF" verhindert werden.

Neben einer Vielzahl vergleichbarer Analyseleistungen in anderen Themenfeldern waren gezielte Informations- und Kommunikationsaktivitäten zur Minimierung von negativen Effekten im Falle durch

---

[8] Schutz der eigenen Kräfte
[9] Mit *Green on Blue* werden Angriffe von Angehörigen der ANSF auf ISAF Soldaten bezeichnet.
[10] Siehe hier den Beitrag von Marc-André Walther.
[11] Afghan National Security Forces

68

eigene Operationen entstandener Schäden an Personen (CIVCAS)[12] oder Eigentum[13] ein zentrales Analyse-, Beratungs- und Handlungsfeld der Abteilung *DCOS COM.*

Die Kernaufgaben der Abteilung und damit das „Brot- und Buttergeschäft" des RPSE jedoch waren eine Vielzahl langfristig angelegter Informationskampagnen, die auf die positive Verlinkung der Bevölkerung mit dem aufzubauenden afghanischen Staat abzielten, gezieltes *Key Leader Engagement* (KLE) sowie Beiträge zum *Targeting*-Prozess.

Beim *Targeting*-Prozess galt es, der dominierenden *Capture or Kill*-Praxis das kreative Durchdenken auch nicht-kinetischer Effekte entgegen zu setzen. So gab es durchaus erfolgreiche Ansätze, gezielt einzelne Gruppen von Aufständischen durch reine PSYOP-Maßnahmen zur Abgabe ihrer Waffen und zum Einstieg in das *Afghan Peace and Reconciliation Programme* (APRP)[14] zu bewegen.

Das Ende der ISAF-Operation war mit einem zunehmenden Zurückziehen der ISAF-Truppen aus der Fläche und der Übergabe dieser Räume an die ANSF verbunden. Daraus entstand eine ebenfalls zunehmende Abhängigkeit im Bereich *Situational Awareness* (SA) vom sogenannten *Green Reporting*[15]. In großen

---

[12] *Civil Casualties*

[13] Besonderes Augenmerk lag hierbei auf die meist nächtlichen Operationen der Spezialkräfte.

[14] Siehe den hier den Beitrag von Uwe Hartmann.

[15] Mit *Green Reporting* wurden die Lageinformationen der ANSF beschrieben.

Bereichen konnte das RC N nicht mehr auf eigene Aufklärungsmittel zurückgreifen. Diese Lücke konnte das RPSE zum Teil schließen.

Die im RPSE zum *Mediamonitoring* eingesetzten rund 60 afghanischen Angestellten konnten über die Medien Lageinformationen generieren, die auf den regulären Meldewegen dem *Joint Operation Center* erst Stunden, manchmal Tage später vorgelegt worden wären. Des Weiteren unterhielt das RPSE ein über den gesamten Norden verteiltes Korrespondentennetzwerk afghanischer Journalisten. Deren Hauptaufgabe war es, Beiträge für das RC N-Radio, das TV-Programm, die Printprodukte sowie den Internet-Auftritt Bayan e Shamal zu erstellen. Diese Korrespondenten konnten in vielen Fällen über Medien oder offizielle Meldewege kolportierte Gerüchte durch Journalistenarbeit vor Ort sowie mit selbst produzierten Bild und Textbeiträgen verifizieren und ggf. korrigieren.

Ein prägnantes Beispiel hierfür waren die im Nachgang einer ANSF-Operation entstandenen Gerüchte über ca. 9.000 Flüchtlinge im Raum FARYAB im Nordwesten Afghanistans. Afghanische Medien berichteten bereits über eine sich anbahnende humanitäre Katastrophe. RC N hatte keine militärischen Aufklärungsmittel vor Ort. Die angesetzte Überwachung aus der Luft konnte den Sachverhalt nicht klären. Erst der vom RPSE angesetzte afghanische Korrespondent konnte mit O-Ton und Bildern belegen, dass es sich bei den 9.000 Flüchtlingen um lediglich 90 Personen handelte, die sich auf den Weg gemacht hatten, um bei

Verwandten adäquat unter zu kommen. Neben der Aufklärung des Sachverhaltes hat das RPSE diesen O-Ton sofort in eine Radiomeldung auf Bayan e Shamal umgesetzt, um drohende negative Effekte für die ansonsten positiv wahrgenommene ANSF-Operation zu minimieren.

Eine Vielzahl weiterer Beispiele könnte belegen, dass adäquate Informations- und Kommunikationsaktivitäten wesentlich zur Stabilisierung Nordafghanistans beigetragen haben. So ist zum Beispiel die hohe Zahl der *Reintegrees*, also der ehemaligen Aufständischen, die sich dem APRP angeschlossen haben, wesentlich auf die Informationsaktivitäten des RPSE zurückzuführen, die dieses afghanische Programm mit Flugblättern[16] und mit entsprechenden Radioprogrammen umfangreich beworben hat. Befragungen der *Reintegrees* haben ergeben, dass über 60% von ihnen erst durch diese PsyOps-Produkte auf das Programm und seine Möglichkeiten aufmerksam geworden sind.

Doch statt weiterer Beispiele soll abschließend *das* zentrale Leuchtturmprojekt im Bereich Kommunikation, nämlich das *Regional Media Information Center* (RMIC) der ANSF, beschrieben werden. Dieses Projekt verbindet in exemplarischer Weise die Bedeutung des Wirkens im Informationsumfeld mit der zentralen militärischen Aufgabe einer Stabilisierung, nämlich *Security Force Assistance* (SFA).

Startpunkt für die Idee des RMIC war die Erkenntnis, dass die entscheidende Grundlage für die

---

[16] Sowohl in KUNDUS als auch in BAGHLAN e-JADID wurden die APRP-Flyer bei jeder Patrouille verteilt.

Fähigkeit der ANSF zur eigenverantwortlichen Wahrnehmung der Sicherheitsverantwortung eine positive Verknüpfung zwischen ihnen und der afghanischen Bevölkerung ist. Das Erreichen dieses Effektes war folgerichtig das Kernthema der Informationsaktivitäten des RC N seit dem Jahr 2010. Mit dem sich nähernden Ende der ISAF-Mission rückte zudem in das Bewusstsein, dass diese Informationsaktivitäten zur positiven Verlinkung Ende 2014 nicht abrupt aufhören dürften, sondern von den ANSF landestypisch angemessen fortgesetzt werden müssten. So weit so gut. Doch in keiner der Strukturen von afghanischer Polizei und Armee waren Kräfte, Fähigkeiten oder Mittel berücksichtigt und ausgeplant, um diese Informationsaktivitäten durchzuführen. Vereinzelt gab es Presseoffiziere und im 209. ANA Korps sogar einen Offizier für *Information Operations*. Diese hatten jedoch, wie bereits angeführt, keine unterstellten Wirkmittel. Was die ANSF also brauchten, um ab Anfang 2015 nahtlos weiter kommunizieren zu können, war ein „Informations- und Kommunikationswaffensystem".

Zeitgleich zu diesen Überlegungen liefen die ersten Planungen zur Reduzierung der Kräfte im RC N an, von denen auch das RPSE betroffen war. Hier stellte sich neben dem Abbau des militärischen Personals zudem folgende Frage: Wohin mit den vom RPSE beschäftigen ca. 80 afghanischen Zivilangestellten? Oftmals seit Jahren im RPSE tätig, waren diese ausgebildet und eingesetzt als Radio-, Print- und TV-Journalisten, als Moderatoren, Layouter, Cutter sowie Kameramänner/-frauen. Zwei besonders qualifizierte afghanische Mitarbeiter wurden seit Jahren auf die Wahrnehmung von Aufgaben als *Programm Chief* und *Office Manager* vorbereitet.

Die Notwendigkeit, eigene Wirkmittel aufzubauen, und die Frage nach dem Verbleib der zivilen afghanischen Mitarbeiter im RPSE führten zu dem Lösungsansatz, ein RMIC für die ANSF in Mazar e Sharif[17] aufzubauen. Dazu war es sehr hilfreich, den Aufbau des RMIC und den Abbau des RPSE als kommunizierende Röhren zu betrachten. In dem Umfang, in dem afghanisches Personal, Ausstattung und damit Fähigkeiten im RPSE abgebaut wurden, sollten diese im RMIC in vergleichbarem Umfang aufwachsen.

Bewusst wurde dafür ein mehrstöckiges Haus in einem zivilen Umfeld angemietet. Zum einem, um deutlich zu machen, dass das RMIC ein gemeinsames Kommunikationscenter für die ANA und alle Entitäten der Polizei werden soll, zum anderen, um eine Abschottung hinter Kasernenmauern zu vermeiden und den afghanischen Journalisten eine für sie jederzeit erreichbare Anlaufstelle zu geben.

Das angestrebte Profil des RMIC sollte folgende Leistungen für die ANSF umfassen:

- *Media Monitoring*
- Planung von Informations- und Kommunikationsaktivitäten

---

[17] Mazar e Sahrif ist gleichzeitig die zentrale Metropole des Nordens wie auch der Standort der Hauptquartiere des 209. ANA Korps, der *Afghan Border Police* (ABP), der *Afghan Uniform Police* (AUP) sowie der *Afghan National Civil Order Police* (ANCOP).

- Presse- und Informationsarbeit
- Ort für Pressekonferenzen, Hintergrundgespräche, etc.
- Ort für Fokusgruppengespräche
- Ort der gemeinsamen Planung von ANSF Presse- und InfoOps Offizieren sowie den *Religious and Cultural Adviser* (RCA)/Mullahs der ANSF
- Unterstützung der Operationsplanung / Beiträge zur Operationsführung
- Betrieb der Bayan e Shamal Produktfamilie mit eigener Radio Station, dem selbst produzierten TV-Format, eigener Webpage und selbst verantworteten Printprodukten

Mit dem RMIC sollte der Ausstieg der ISAF-Kräfte im RC N aus der aktiven Informations- und Kommunikationsarbeit und der Einstieg in die vollumfängliche *Security Force Assistance* in diesem Tätigkeitsfeld erreicht werden. Der Zeitplan sah vor, dass das Neujahrsfest (Nawruz) 2014 die erste Großveranstaltung sein sollte, die die ANSF unter Nutzung des RMIC selbstständig planen und durchführen. Dieses Zwischenziel wurde erreicht.

Die Bewertung des RMIC als *Independent with Advisers* sollte im Gleichschritt mit dem Ende der ISAF-Mission Ende 2014 erreicht werden. Die ISAF-Folgemission wird über keinerlei eigene Fähigkeiten zur Nutzung des Informationsumfeldes mehr verfügen. Dieses wird ab 2015 allein von den ANSF unter Nutzung des RMIC genutzt werden.

Die Finanzierung des RMIC wird bis Ende 2016 durch Deutschland sichergestellt. Ab 2016 ist eine Finanzierung aus dem ANA *Trust Fund* angestrebt. Die Verhandlungen dazu sind initiiert.

Zusammenfassend kann festgestellt werden: Das RMIC ist eine Novität und stellt sicher hohe Anforderungen an eine so junge Armee wie die ANA und die ebenso neuen Entitäten der Polizei. Der Zwang zur gemeinsamen Nutzung eines solchen Hochwerttools verstärkt die Komplexität noch weiter.

Dennoch zeigen die ersten Schritte: Das RMIC funktioniert. Insbesondere die zivilen afghanischen Mitarbeiter leisten dabei herausragende Arbeit und sind mit großem Herzblut bei der Sache. Zivilangestellte und auch die Vertreter der ANSF macht die Tatsache, dass sie ihre Produkte jetzt selbst planen und bestimmen können, stolz. Dieses wiederum hat in kurzer Zeit eine hohe Identifikation mit dem RMIC und trotz aller Komplexität eine mit einem RPSE vergleichbare Leistungsfähigkeit geschaffen.

Am Ende zeigt sich dieser Weg als nahezu alternativlos. Denn wenn die Anfangsthese stimmt, dass Kommunikation und die Deutungshoheit von Ereignissen Grundlage für den Erfolg einer Stabilisierungsoperation sind, dann stimmt das nicht nur für die eigenen Kräfte, sondern auch für die zu unterstützenden lokalen Sicherheitskräfte, in diesem Fall die ANSF. Auch diese werden nur erfolgreich sein, wenn sie das Informationsumfeld zielgerichtet nutzen.

Krieg ohne Kampf? Zur Reintegration von Aufständischen in Afghanistan[1]

Uwe Hartmann

Gibt es Versöhnung mitten im Krieg? Können Soldaten ihre Gegner bekämpfen und gleichzeitig ihre friedliche Eingliederung in Dorfgemeinschaften ermöglichen? Dies sind Fragen, die das traditionelle Verständnis von Krieg und Frieden auf den Prüfstand stellen. Sie erwachsen nicht aus einem ethischen Diskurs im Elfenbeinturm, sondern, wie der Einsatz in Afghanistan zeigt, aus der Praxis militärischer Kriegführung.

Sicherheitspolitisch stand im Jahr 2009 die US-amerikanische Entscheidung über die Verstärkung der militärischen und zivilen Kräfte in Afghanistan im Vordergrund. Weniger Aufmerksamkeit erregte die Ankündigung der afghanischen Regierung, Aufständischen eine Rückkehr in die Gesellschaft zu ermöglichen. Das *Afghan Peace and Reconciliation Program* (APRP) ermutigte diese, die Waffen niederzulegen, die Seiten zu wechseln und dem afghanischen Staat Treue zu schwören. Gleichzeitig wurde ein Versöhnungsprozess in Gang gesetzt, um die oftmals tief liegenden Konfliktursachen zu beheben.

---

[1] Erweiterte Fassung des Beitrags "Krieg ohne Kampf. Über die Reintegration von Aufständischen in Afghanistan", in: Zur Sache Bw, Ausgabe 25 (1/2014), S. 34-38.

Seit dem Jahre 2010 wurden diese beiden Strategien zeitgleich umgesetzt: Die US-amerikanische, die darauf abzielt, die Taliban so weit zu schwächen, dass die afghanischen Sicherheitskräfte diese eigenständig bekämpfen können; und die afghanische, die Frieden und Versöhnung mit Aufständischen in den Mittelpunkt stellt.

Die afghanische Initiative stieß zunächst auf große Skepsis. Kritisch wurde gefragt, ob eine soziale Eingliederung gelingen könnte, wenn alle Konfliktparteien den bewaffneten Kampf intensivierten. Umso erstaunlicher sind die bisher erzielten Erfolge: Ende 2013 hatten annähernd 8.000 Kämpfer der verschiedenen Insurgentengruppierungen das Angebot angenommen und ihren bewaffneten Kampf beendet.

Schauen wir einmal mit den Augen des ehemaligen US-Generals Stanley McChrystal auf diese Strategie. Dieser erteilte unmittelbar nach Übernahme seines Kommandos über die ISAF- und U.S.-Truppen eine Weisung zur Aufstandsbekämpfung (*Counterinsurgency*), die den militärischen Anteil daran stark reduzierte. Nahezu ausschließlich zivile Mittel sollten genutzt werden; denn der bewaffnete Kampf gegen Aufständische, der nicht selten mit Tod und Verwundung auch unter der Zivilbevölkerung einhergeht, führe dazu, dass die Anzahl der feindlichen Kämpfer eher zunehme. Damit war das traditionelle militärische Handeln ausgebremst. Das Töten möglichst vieler Gegner nützt weder dem übergeordneten politischen Zweck noch den militärischen Zielen des Einsatzes in Afghanistan.

General McChrystal sprach davon, dass der Tod eines Aufständischen zwanzig Landsleute motiviere, den Kampf gegen die Koalitionstruppen aufzunehmen. Wenden wir dieses Zahlenverhältnis auf die bisher durch Reintegration erzielten Erfolge an, so ergibt sich folgendes Resultat: Hätten die Koalitionstruppen 8.000 Kämpfer mit Gewalt gefangen genommen oder getötet, wären dabei nicht nur zahlreiche eigene Soldaten gefallen und noch mehr unschuldige Menschen gestorben, sondern auch 160.000 neue Kämpfer rekrutiert worden. Selbst wenn es nur 10.000 oder 30.000 gewesen wären: Der Keim für das Scheitern der Aufstandsbekämpfung steckt im militärischen Erfolg auf taktischer Ebene. Reintegration könnte ein Weg sein, aus dieser strategischen Falle herauszukommen.

Es ist zweifelsfrei: Die Sicherheitslage wird für die Menschen signifikant verbessert, wenn Aufständische ihre Waffen niederlegen. Die positiven Wirkungen von Reintegration gehen jedoch weit über die Sicherheit hinaus. Gemeinden, die ehemalige Kämpfer auf- und damit auch die Verantwortung für deren Handeln übernehmen, erhalten als Gegenleistung Geldmittel für die Finanzierung von Entwicklungsprojekten, die sie selbst auswählen dürfen. So entstehen Straßen, Schulen und andere Infrastrukturen, die den Menschen in den oftmals entlegenen Landesteilen unmittelbar zugute kommen. Gleichzeitig trägt das Programm auch zum weiteren Ausbau des Staates bei, da dessen Umsetzung einen effizienten Verwaltungsapparat erfordert – und zwar nicht nur in der Hauptstadt Kabul, sondern auch in den Provinzen und Distrikten.

Zweifel sind durchaus berechtigt, ob der afghanische Staat mehr ist als ein Potemkinsches Dorf, dessen teure Fassaden administrative Inkompetenz und kreative Korruption verbergen. Wie in anderen Rentierstaaten, die von externen Geldtransfers abhängig sind, fehlt auch der afghanischen Regierung schlichtweg die Legitimation. Dennoch dürfen die Fortschritte nicht verkannt werden. Wie in der europäischen Geschichte, so führt auch in Afghanistan der seit einigen Jahren intensivierte Ausbau des Sicherheitsapparats zu einer Erweiterung und Vertiefung der Staatsstrukturen. *Statemaking through Warmaking,* so brachte dies der US-amerikanische Soziologe Charles Tilly auf den Begriff. Reintegration im Krieg trägt dazu bei.

Dennoch kommt man nicht umhin, in diesem Land ein vielfältiges Defizit an Bindungen festzustellen: Zwischen Menschen und Staat, Zentralregierung und Provinzen, sowie der Menschen untereinander. Nun ist es alles andere als einfach, Bindungen und Identität zu schaffen; erst recht in einem Land, das sich seit Jahrzehnten im Bürgerkrieg befindet. Das Reintegrationsprogramm leistet dafür einen kleinen, aber nicht unwesentlichen Beitrag. So müssen die Politiker und Beamten in Kabul und in den Provinzen in der Umsetzung der komplizierten Verfahren des Programms kooperieren. Die bisher erzielten Erfolge erzwingen geradezu eine intensivere Zusammenarbeit staatlicher Einrichtungen jenseits der immer noch existierenden sektiererischen Loyalitäten zu Warlords und Ethnien. Die Menschen fühlen eine gewisse Zusammengehörigkeit untereinander, auch gegenüber den Aufständischen. Über 80 Prozent der Afghanen unterstützen das Reintegrationsprogramm, wie die Bevölkerungsumfrage der *Asian Development Bank* 2012 herausgefunden hat. Sie sehen darin vielleicht auch eine Chance, die ethnische Fragmentierung ihrer Gesellschaft zu überwinden. Noch wichtiger ist: Die Menschen lernen, dass sie den Frieden selbst in die Hand nehmen können. Sie spüren, dass ihre Kultur ihnen die Stärke gibt, Frieden durch Versöhnung von innen heraus zu schaffen.

Schwierigkeiten des APRP

Es ist kaum überraschend, dass die Umsetzung des Reintegrationsprogramms nicht reibungslos verläuft. Die afghanische Regierung ging Risiken ein, als sie entschied, dass der eigene, noch rudimentäre Staat die Implementierung dieses Programms übernimmt. So erhielten ehemalige Kämpfer über Monate hinweg nicht das ihnen zustehende Übergangsgeld. Aufbauprojekte in den Gemeinden wurden nicht kontinuierlich finanziert, was dazu führte, dass Unternehmen die Arbeiten monatelang einstellten und Projekte bei Wiederaufnahme nicht selten verfallen waren. Es mag auch sein, dass afghanische Politiker und Beamte den Abfluss der Gelder aus Kabul absichtlich verlangsamten. Sie wollten nicht, dass bestimmte Ethnien überproportional profitierten.

Die Entscheidung, dass der afghanische Staat und nicht eine internationale Organisation das Reintegrationsprogramm durchführt, ist dennoch richtig. Ohne *Afghan ownership* erschiene es wenig glaubwürdig; zudem trägt diese dazu bei, die Legitimation des Staates zu erhöhen. Es ist ermutigend, dass es trotz aller Unzulänglichkeiten immer wieder Erfolgsmeldungen nicht nur über weitere integrationswillige Kämpfer, sondern auch über fertig gestellte und neu vorgeschlagene Projekte gibt. Die Afghanen sind oftmals viel geduldiger, als sich dies Soldaten und Helfer aus den westlichen Staaten vorstellen können.

Sicherlich, es gab und gibt Stimmen von integrierten Kämpfern, die öffentlich ihren Unmut über die Umsetzung des Programms äußern. Aber sie greifen nicht erneut zu den Waffen, sondern demonstrieren gewaltfrei für ihre Belange. Manche mögen aktiven Kämpfern abraten, den Weg der Reintegration zu beschreiten. Aber sie sind nicht selbst wieder zu den Aufständischen zurückgekehrt. Insgesamt zeigt sich das Programm als sehr robust, was nicht zuletzt auch an den vielen engagierten afghanischen Mitarbeitern vor allem auf der Provinzebene liegt.

Im Rahmen des APRP hat die afghanische Regierung Reintegration mit *Reconciliation* (Versöhnung) verbunden. In diesem Bereich ist die Bilanz eher durchwachsen. Während *Reconciliation* auf der Provinz- und Distriktebene einen wichtigen Beitrag dazu leistet, die tiefer liegenden Ursachen von Konflikten zu lösen und damit vor allem diejenigen Kämpfer anzusprechen, die aufgrund von teilweise sehr alten Streitigkeiten den afghanischen Staat ablehnen, ist dies auf der höchsten politischen Ebene, also zwischen afghanischer Regierung und der politischen Führung der diversen Insurgentengruppierungen, nicht so einfach. Hier sind die Machtkonstellationen viel schwieriger, hier lässt Ideologie keinen Spielraum für Vertrauen.

Zudem sind auch die Nachbarstaaten mit ihren jeweiligen Interessen involviert. Der bereits lang andauernde Stillstand in den Verhandlungen vor allem mit der Führung der Taliban, die sich in die westlichen Provinzen Pakistans zurückgezogen hat, scheint auch Auswirkungen auf das Reintegrationsprogramm zu haben; denn die Reintegrationszahlen im Norden und Westen, in denen die Pashtunen nicht die Mehrheit bilden, sind viel höher als im Süden und im Osten Afghanistans.

Insgesamt ist APRP ein Programm, das positiv überrascht, weil es insgesamt funktioniert sowie politisch und strategisch bedeutsame Wirkungen erzielt. Eins ist jedoch auch deutlich geworden: Reintegration ist kein Kurzzeitprogramm. Die bisherigen Erfahrungen in Afghanistan bestätigen die Berichte aus anderen Ländern, wonach ehemalige Kämpfer noch viele Jahre später einer besonderen Unterstützung bedürfen. Ihre vor allem ökonomische Integration ist nicht einfach, besonders dann, wenn die Wirtschaft nicht in Gang kommt. Für die afghanische Regierung bedeutet dies, dass sie über einen langen Zeitraum hinweg die Politik der Versöhnung fortsetzen, die bestehenden Verwaltungsstrukturen verbessern und die Entwicklungsprojekte effizienter durchführen muss. Die Menschen müssen sich weiterhin um die soziale Eingliederung ehemaliger Kämpfer bemühen, auch wenn diese über ihre Lebensumstände enttäuscht sind. Die Internationale Gemeinschaft sollte sich darauf einstellen, das Reintegrationsprogramm langfristig zu finanzieren.

Strategische Innovation mitten im Krieg

Mit dem APRP hat die afghanische Regierung eine strategische Wende eingeleitet. Der damalige Präsident Karsai hat es in seiner Rede anlässlich des Beginns seiner zweiten Amtszeit im November 2009 wie folgt ausgedruckt: „Securing peace and an end to fighting are the most significant demands of our people. (…) It is a recognized fact that security and peace cannot be achieved through fighting and violence. This is why the Islamic Republic of Afghanistan has placed national reconciliation at the top of its peace-building policy. We welcome and will provide necessary help to all disenchanted compatriots who are willing to return to their homes, live peacefully and accept the Constitution. We invite dissatisfied compatriots, who are not directly linked to international terrorism, to return to their homeland."

Nun ist Reintegration kein neues Konzept; sie bildet häufig den dritten Baustein in den *Disarmament, Demobilization and Reintegration* (DDR)-Programmen, die schon in vielen Ländern zum Einsatz kamen. Dennoch ist der afghanische Ansatz anders. Während DDR in der Regel erst nach Beendigung eines gewaltsamen Konfliktes implementiert wird, wurde APRP mitten im Krieg eingeführt. Um es noch deutlicher zu sagen: Die afghanische Regierung erarbeitete die Grundzüge von Reintegration und Versöhnung, als die weitere Eskalation des Krieges durch die Insurgenten unverkennbar war; und als die US-amerikanische Regierung unter Präsident Barack Obama über eine neue Strategie für Afghanistan beriet und entschied, dass eine Truppenverstärkung die einzige strategische Option war, auch wenn die eigenen politischen und militärischen Ziele weiterhin unklar blieben.

Nun hat die afghanische Regierung APRP nicht allein aus der Taufe gehoben. Die Internationale Gemeinschaft (IC) hat sofort nach Ankündigung des Programms Unterstützung signalisiert. Das von der IC versprochene Finanzvolumen für dessen Implementierung ist gewaltig. Insgesamt stellten mehrere Geberländer, allen voran die USA, 772 Millionen US-$ in Aussicht; allein für das Jahr 2012 standen über 170 Millionen US-$ für die Finanzierung des Verwaltungsapparates und von Entwicklungsprojekten sowie für die Auszahlung von Übergangsgeldern zur Verfügung. Zudem stellten die US-amerikanischen Streitkräfte den Reintegrationsbüros auf Provinzebene Offiziere an die Seite, die zuvor in den Landessprachen sowie in kulturellen Gepflogenheiten ausgebildet wurden. Im ISAF Hauptquartier wurde ein Stabselement unter Führung eines britischen Zweisternegenerals eingerichtet, welches das zuständige afghanische Amt in der ministeriellen Bearbeitung des Programms unterstützte.

Die Einführung des afghanischen Reintegrationsprogramms, das auf Frieden durch Versöhnung zielt, verlief also parallel zu der zeitlich begrenzten US-amerikanischen Truppenverstärkung, deren übergeordneter politischer Zweck darin bestand, das Terrornetzwerk in Afghanistan und Pakistan zu zerschlagen. Es ist schwer zu beurteilen, ob und wie beide Regierungen ihre Strategien abgestimmt haben. Gewisse Spannungen lassen sich jedoch feststellen: Während die afghanische Regierung Sicherheit und Frieden durch Aussöhnung mit ihren Gegnern erreichen will, versuchte die US-amerikanische Regierung, den Sicherheitsinteressen ihres Landes durch eine Strategie zu dienen, die Elemente von *Counter Terrorism* und *Counter Insurgency* vermengte.

Militärstrategische Anpassungen

Wie ist die vielversprechende Durchführung des APRP inmitten eines eskalierenden Konfliktes, der zudem die unterschiedlichen Interessen und Strategien zwischen den Präsidenten Karsai und Obama offenlegte, zu erklären? Versuchen wir einmal, mit den Augen strategischer Theorie auf das Phänomen von Reintegration inmitten eines Krieges zu schauen.

Anhänger des chinesischen Strategieberaters Sun Tzu würden Reintegrationsprogramme wahrscheinlich euphorisch begrüßen. Sun Tzu hatte seine Kriegskunst vor rund 2.500 Jahren während der äußerst gewalttätigen Herausbildung des chinesischen Staatensystems entwickelt und den zahlreichen Herrschern feilgeboten. Seine gesammelten Grundsätze enthielten nicht nur praktische Ratschläge für die Führung von militärischen Operationen, sondern waren von seiner Einsicht in die Notwendigkeit einer weitest möglichen Begrenzung militärischer Gewalt geleitet. Wahre Kriegskunst, so schrieb Sun Tzu, bestünde darin, dem Gegner die eigenen politischen Ziele ohne bewaffneten Kampf aufzuzwingen. In der ersten Hälfte des 20. Jahrhunderts kam der britische Stratege Basil Liddell Hart zu ähnlichen Schlussfolgerungen. Unter dem Eindruck der Katastrophe des Ersten Weltkrieges entwickelte er die sog. ‚indirekte Strategie'. Diese zielte darauf ab, Staaten davor zu bewahren, sich gegenseitig so zu erschöpfen, dass selbst der Gewinner des Krieges ein Verlierer ist.

Um das Neue seines Ansatzes zu betonen, hatte Liddell Hart übermäßig Carl von Clausewitz, den preußischen Kriegsphilosophen des frühen 19. Jahrhunderts, kritisiert und ihn als „Apostel der Vernichtungsschlacht" bloßzustellen versucht. Dessen dialektisch angelegte Theorie des Krieges kann man missverstehen, wenn man es denn will. Wer Clausewitz verstehen will, erkennt, dass auch dieser keineswegs eine möglichst schnelle Vernichtungsschlacht als das Wesen strategischer Kriegskunst empfahl. Denn auch er hatte seine persönlichen Erfahrungen mit den grausamen Auswirkungen von Kriegen auf die Schicksale von Staaten und Menschen gemacht. Vielmehr forderte Clausewitz dazu auf, nach weniger gewaltsamen Wegen gerade auch mit Hilfe der Diplomatie zu suchen, um politische Ziele zu erreichen. Nicht zuletzt seine fundamentale Einsicht in die Natur des Krieges, die durch Gewalt und Gegengewalt, durch Ungewissheit und Friktion sowie durch eskalierende Emotionalität gekennzeichnet sei, legt dies nahe.

Was bedeutet der in Afghanistan erzielte Reintegrationserfolg für unser Verständnis von Krieg und Frieden, von Kampf und Versöhnung? Schauen wir einmal mit den Augen des Kriegsphilosophen Carl von Clausewitz auf dieses Phänomen von Reintegration inmitten eines Krieges.

Reintegration bestätigt, dass Krieg eine Fortsetzung der Politik ist. Die Politik „dankt" nicht ab. Die Regierung bestimmt weiterhin die Zwecke, an denen sich auch das militärische Handeln ausrichten muss. Der politische Diskurs geht weiter und bezieht auch die Bevölkerung sowie das Militär mit ein.

Clausewitz hatte die Bürger und Bürgerinnen eng mit der eskalierenden Emotionalität in Zeiten des Krieges in Verbindung gebracht. Auch Reintegrationsprogramme müssen dies beachten. In westlichen Demokratien dürfte es nicht so einfach sein, Akzeptanz für die Reintegration von Kämpfern in einem Einsatzland zu finden, wenn diese deren ‚Bürger in Uniform' töteten. Dies fällt umso schwerer, wenn die Regierung zuvor versuchte, politische Unterstützung mit ehrgeizigen Zielen wie beispielsweise dem Aufbau eines modernen demokratischen Rechtsstaats zu gewinnen. Politische Rhetorik, welche die notwendigerweise asymmetrische Kriegführung von Aufständischen als feige und hinterhältig bezeichnet, ist ebenfalls wenig förderlich. Müssten ehemalige Kämpfer nicht als Mörder angeklagt und ggf. eingesperrt werden, bevor sie als ehrbare Mitglieder in die Gesellschaft zurückkehren? Auch für die Soldaten und Soldatinnen ist Reintegration nur schwer mit ihrem

Selbstverständnis vereinbar. Sie sind die unmittelbaren Leidtragenden von kriegerischer Gewalt und müssen hinnehmen, wie ehemalige Gegner Mitglieder von Dorfgemeinschaften werden, die sie ggf. auch noch beschützen müssen.

Reintegration stellt das traditionelle Verständnis von Krieg und Kriegführung noch an einer anderen Stelle in Frage. Wenn deren politischer Zweck Versöhnung und Frieden ist, welche Rolle spielt dann noch der militärische Sieg? Steht das militärische Ziel einer finalen Niederlage des Gegners nicht im Widerspruch zu Reintegration im Krieg, weil es die politische Idee der Versöhnung untergräbt?

Es zeigt sich also, dass Reintegration militärstrategische Anpassungen erfordert. Streitkräfte, seien es die der Gastnation oder der Interventionsstaaten, müssen ihre Ziele, Wege und Mittel anpassen, um den veränderten politischen Zwecken, die in mitten im Krieg eingeführten Reintegrationsprogrammen zum Ausdruck kommen, zu genügen. Die Fokussierung des militärischen Handelns auf Sieg ist mit einer auf Versöhnung zielenden Politik kaum vereinbar.

Krieg ohne Kampf?

Reintegration während eines bewaffneten Konfliktes führt also zu strategischen Herausforderungen. Aber ist Reintegration nicht gleichzeitig auch ein Ausweg aus dem fundamentalen Problem der Aufstandsbekämpfung: Dass nämlich die Anwendung militärischer Gewalt gegen Aufständische diese eher stärkt als schwächt?

Reintegration und Versöhnung tragen dazu bei, die tiefer liegenden Ursachen von Konflikten zu beheben und dabei gleichzeitig Sicherheit, gute Regierungsführung und Entwicklung zu verbessern. Dies sind beste Voraussetzungen für erfolgreiche Aufstandsbekämpfung. Das traditionelle militärische Handeln dient diesen Zielen eher nicht. Es geht nicht primär um die Zerschlagung eines Gegners durch Kampf, es geht auch nicht allein um das Gewinnen von Herz und Verstand der Bevölkerung, sondern um ihre gemeinsame Einbindung in einen auf Versöhnung angelegten Friedensprozess. Folgerichtig müsste die Förderung des Reintegrationsprozesses ein vorrangiges Ziel aller militärischen Operationen sein. Dazu zählen der Schutz von Dorfgemeinschaften, die ehemalige Kämpfer aufgenommen haben, die Information verschiedener Adressaten über das Reintegrationsprogramm, die Unterstützung der zivilen Reintegrationsbehörden sowie das Mitwirken an der Koordinierung aller Maßnahmen zur Förderung von guter Regierungsführung und Entwicklung. Hochrangige militärische Führer tragen durch ihre Gespräche mit Politikern und Geistlichen dazu bei, dass diese Reintegration aktiv unterstützen. Positive Effekte könnten auch durch den Einsatz von Spezialkräften erzielt werden, indem sie gezielt besonders gewalttätige Führungskader der Aufständischen ausschalten. Aber auch hierzu gibt es weniger gewaltsame Alternativen. Durch gezielte Informationen an das Umfeld einer Zielperson könnte diese dazu bewegt werden, das Reintegrationsangebot anzunehmen, bevor Spezialkräfte *kill or capture operations* durchführen.

Diese wenigen Hinweise belegen das enorme Potenzial, das in Reintegration in Zeiten des Krieges steckt. Man sollte sie nicht als ein bloßes Mittel im Werkzeugkasten von *Counterinsurgency* (COIN) verstehen. COIN ist keine Strategie, sondern eine taktische Methode. Sie trägt dazu bei, das Umfeld so zu verändern, dass es gute Voraussetzungen auch für die Reintegration schafft. Auf diese Weise kann COIN Wirkungen erzielen, die strategisch bedeutsam sind.

Ist Reintegration ein Weg für Krieg ohne Kampf? Clausewitz mahnte, dass es im Kriege nur eine Währung gäbe: Das Gefecht. Auch wenn es nicht zum Gefecht käme, sei die glaubwürdige Androhung doch entscheidend für das Handeln des Gegners. Auch der Erfolg von Reintegration beruht auf siegreichen Gefechten oder zumindest deren glaubwürdiger Androhung. Denn der Kämpfer, der seine Eingliederung in Erwägung zieht, macht eine Kalkulation, bei der auch seine Beurteilung eine Rolle spielt, wer in der Auseinandersetzung wahrscheinlich die Oberhand behalten wird.

Reintegration macht den bewaffneten Kampf nicht überflüssig. Sie ist kein Königsweg, um politische Ziele in einem bewaffneten Konflikt ohne den Einsatz von Gewalt zu erreichen, wie es Sun Tzu als höchste Kriegskunst empfahl. Gleichwohl bietet Reintegration die Möglichkeit, Gewalt zu begrenzen. Dies wiederum genügt den militärstrategischen Anforderungen von neuen Konflikten, die der britische General Sir Rupert Smith als *war amongst the people* bezeichnet. Strategen sollten daher schon zu Beginn solcher

Konflikte, ggf. sogar schon in den Planungen für Eventualfälle prüfen, inwieweit Reintegration eine umsetzbare und akzeptable Option ist, um politische Ziele zu erreichen.

Reintegration und Innere Führung

Reintegration ist für Soldatinnen und Soldaten nur schwer zu verstehen, geschweige denn zu akzeptieren. Den Angehörigen der Bundeswehr könnte dies etwas leichter fallen, zumindest dann, wenn ihr Selbstverständnis mit den Grundsätzen der Inneren Führung kompatibel ist. Die Anfang der 50er Jahre des letzten Jahrhunderts entwickelte Innere Führung ist eine Führungsphilosophie, welche den Sinn soldatischen Tuns nicht allein am militärischen Sieg festmacht, sondern an dessen Beitrag für Freiheit und Frieden. Im Kalten Krieg war dies für die deutschen Soldaten gut nachvollziehbar. Angesichts des wahrscheinlichen Einsatzes von atomaren Waffen in einem Konflikt zwischen NATO und Warschauer Pakt war ein militärischer Sieg kein realistisches Ziel; es konnte nur noch um Abschreckung gehen. Im Unterschied zu ihren alliierten Kameraden nahmen die deutschen Soldaten auch an keinen bewaffneten Auseinandersetzungen an der Peripherie der beiden antagonistischen Blöcke oder in ehemaligen Kolonien teil. Das Verlangen nach einem finalen militärischen Sieg als Basis für Kampfmotivation ist daher bei Soldaten der Bundeswehr wahrscheinlich eher niedriger ausgeprägt.

Dieses im Kalten Krieg gefestigte Selbstverständnis könnte den Soldaten der Bundeswehr durchaus geholfen haben, sich besser auf die geistigen Anforderungen in den sogenannten „neuen Kriegen" einzustellen. Es wird heute und wahrscheinlich auch in Zukunft kaum mehr möglich und vielleicht auch gar nicht sinnvoll sein, einen militärischen Einsatz mit einem proklamierten Sieg und Siegesparaden zu beenden. Die Kriege in Vietnam und Irak haben vielmehr gezeigt, dass selbst dann, wenn alle Gefechte gewonnen oder Feldzüge glanzvoll beendet wurden, Kriege dennoch verloren werden oder zumindest viele Menschen es so empfinden. Die Kriege auf dem Balkan und in Afghanistan sind überzeugende Belege dafür, dass die politischen Zwecke militärischer Einsätze sich signifikant wandeln können. Damit verändern sich auch die Maßstäbe, an denen der Erfolg militärischer Einsätze gemessen werden kann. Die Orientierung soldatischen Denkens und Handeln an Frieden im Sinne einer Abschreckung militärischer Aggression, der Wiederherstellung des Friedens oder des Schaffens eines politischen Zustandes, der friedvoller ist als zuvor, ist daher äußerst hilfreich, um Frustrationen durch einen ausbleibenden eindeutigen militärischen Sieg zu vermeiden.

Der Soldat der Bundeswehr soll Soldat für den Frieden sein und nicht, wie etwa der Soldat der US-Streitkräfte, die „Kriege der Nation gewinnen". Nicht zuletzt aus dieser Friedensorientierung resultiert das Primat der gewaltfreien Konfliktlösung bzw. der zivilen vor den militärischen Mitteln. Die Innere Führung fordert alle Angehörigen der Bundeswehr also auf, ihr Denken und Handeln vor allem auf Frieden und Versöhnung auszurichten und nicht allein auf siegreiche Gefechte oder den finalen militärischen Sieg. Dies sind beste Voraussetzungen für ein umfassendes Verständnis komplexer Konflikte und auch für die Akzeptanz von Reintegration. Zudem schafft die Innere Führung mit ihren Erwartungen an selbständiges Handeln (Auftragstaktik bzw. Führen mit Auftrag) und kultureller Sensibilität eine geeignete Führungskultur, damit Soldaten Reintegrationsprozesse pro-aktiv mit ihren militärischen Mitteln fördern.

Auch die Theorie des gerechten Krieges, die in vielen westlichen Armeen ethisches Denken und Handeln beeinflusst, fordert Soldaten auf, die Chancen, die Reintegration bietet, zu erkennen und zu nutzen. Soldaten, die das *ultima ratio*-Gebot ernst nehmen, werden versuchen, jede Chance zu ergreifen, Gewalt durch gewaltfreie oder weniger gewaltsame Mittel und Wege zu ersetzen.

Ob Innere Führung, gerechter Krieg oder sonstige ethische Grundsätze – die Soldaten der Bundeswehr sollten das Potenzial von Reintegration erkennen, deren Ziele weitest möglich bei der Erarbeitung von Militärstrategien berücksichtigen und in ihrem operativ-taktischen Handeln umsetzen. Das Führungsprinzip des Führens mit Auftrag (Auftragstaktik) fordert alle Soldaten dazu auf, ihre Fähigkeiten initiativreich für die Gestaltung eines für die Reintegration förderlichen Umfeldes zu nutzen. Hier zeigt sich erneut, wie einsatzorientiert und zukunftsweisend die Innere Führung mit ihren ethischen Grundlagen trotz ihrer historischen Verwurzelung im Kalten Krieg ist.

Schluss

Reintegration ist keine afghanische Erfindung. Vielfältige Programme wurden bisher vor allem in Afrika, Asien und Südamerika durchgeführt. Zahlreiche Erfahrungsberichte und wissenschaftliche Auswertungen liegen vor. Die Einführung eines Reintegrationsprogramms auf dem Höhepunkt einer bewaffneten Auseinandersetzung hat es allerdings noch nicht so häufig gegeben. Damit wurde Neuland betreten, das der weiteren strategischen Analyse bedarf.

Reintegration während eines bewaffneten Konflikts ist eine mutige politische Entscheidung, deren erfolgreiche Umsetzung in vielfältiger Weise von dem Einsatz auch militärischer und polizeilicher Mittel abhängt. Sie erfordert eine Anpassung bereits bestehender Strategien für den Einsatz bewaffneter Gewalt. In Afghanistan gab es hier deutlich erkennbare Defizite. Die neue US-amerikanische Strategie für Afghanistan aus dem Jahre 2009 hatte die Chancen, die Reintegration bietet, gesehen. Sie wurde jedoch nur als ein taktischer Baustein im Werkzeugkasten der Aufstandsbekämpfung genutzt. Ihre strategische Relevanz wurde nicht vollständig erkannt.

Gleichwohl ist Reintegration in Afghanistan insgesamt recht erfolgreich. Erfolge hätten vielleicht noch weiter gesteigert werden können, indem die Militärstrategien schneller den neuen politischen Zielen von Reintegration und Versöhnung angepasst worden wären. Auch eine optimierte Praxis der vernetzten Sicherheitspolitik (*comprehensive approach*) und zivil-militärischer Zusammenarbeit wäre hilfreich gewesen für weitere Reintegrationserfolge.

Reintegration inmitten eines Krieges dürfte keine afghanische Eintagsfliege bleiben. Auch in den aktuellen Krisen und Kriegen vor allem im Nahen und Mittleren Osten sowie auf dem afrikanischen Kontinent dürfte es Ansatzpunkte für die Implementierung von Reintegrationsprogrammen geben. Manche westliche Staaten sehen sich heute mit einer neuartigen Reintegrationsproblematik konfrontiert. Sie müssen sich darüber Gedanken machen, wie sie Staatsbürger, die ohne staatlichen Auftrag an Kampfhandlungen in den Krisen- und Konfliktregionen teilnehmen, wieder in ihre Gesellschaften aufnehmen.

Soldaten mögen Reintegration eher als eine störende strategische Neuerung (*distruptive innovation*) empfinden. Die militärische Führung ist nicht nur gefordert, die militärstrategischen Ziele an den politischen Zweck von Reintegration anzupassen, sondern auch den ggf. notwendigen Wandel in Führungskultur und Selbstverständnis zu leiten. Zudem sind Anpassungen in der militärischen Ausbildung und Erziehung wichtig, damit es Soldaten leichter fällt, Reintegration zu verstehen, zu akzeptieren und initiativreich zu fördern.

Rolle des ausländischen Militärs beim Peacebuilding

Fouzieh Melanie Alamir

Schwierige Aussichten nach 2014

Der Kampfauftrag der NATO-geführten Internationalen Sicherheitsunterstützungstruppe in Afghanistan (*International Security Assistance Force*, ISAF) lief Ende 2014 aus. In 2011 begann ein sukzessiver Prozess der Übergabe von Sicherheitsverantwortung an die afghanischen Sicherheitskräfte (*Afghan National Security Forces*, ANSF), der im Sommer 2013 offiziell abgeschlossen war. Mit Jahresablauf 2014 endete auch das Mandat der im Rahmen der Gemeinsamen Europäischen Sicherheits- und Verteidigungspolitik durchgeführten EU Polizeimission (*European Union Police Mission*, EUPOL); die Zukunft von EUPOL über 2014 hinaus war zum Zeitpunkt der Drucklegung des Buches noch ungewiss. Während die NATO bereits die Nachfolgemission *Resolute Support* plante, die sich allein auf Training, Beratung und Unterstützung der ANSF konzentriert und keine Stabilisierungsaufgaben mehr übernimmt, stellte sich die Frage, ob und in wieweit die afghanische Regierung für die Übernahme der herausfordernden Sicherheitsaufgaben des Landes bereit ist.

Diese Aufgaben umfassen die Behauptung und Wahrung des staatlichen Gewaltmonopols im ganzen Land; die Herstellung öffentlicher Sicherheit und Ordnung angesichts wachsender Kriminalität; den

Schutz und die Kontrolle der Landesgrenzen, vor allem an der östlichen Grenzlinie zu Pakistan; und schließlich die Bekämpfung regierungsfeindlicher militanter Kräfte, die in Teilen des Landes beträchtlichen politischen Einfluss ausüben oder ganze Landstriche kontrollieren. Politische Fragilität auf nationaler Ebene; Machtkämpfe und Konflikte um regionale und lokale Einflusssphären; Konflikte über die Rolle des Islam im politischen Leben; schwache und rivalisierende Regierungsinstitutionen; ein in hohem Maße von ausländischen Gebern abhängiger Staatshaushalt sowie eine Wirtschaft, die den massiven Rückbau internationaler Präsenz als wichtigen Wirtschaftsfaktor verkraften muss, bilden die schwierigen Rahmenbedingungen für diese Herkulesaufgabe.

Unzweifelhaft bleibt der Wiederaufbau in Afghanistan eine Herausforderung, die nur mit konzertierten zivilen und militärischen Mitteln zu bewerkstelligen ist. Vor dem Hintergrund der Reduzierung militärischer internationaler Präsenz und des Rückgangs der Präsenz internationaler ziviler Organisationen erscheint ein kohärentes Handeln der verbleibenden zivilen und militärischen Akteure wichtiger denn je. Wie aber ist es um die Zukunft des vernetzten Ansatzes in Afghanistan bestellt und welche Rolle wird das Militär künftig in vergleichbaren *Peacebuilding*[1]-Prozessen spie-

---

[1] *Peacebuilding* wird hier verstanden als Summe aller zivilen und militärischen Maßnahmen zur Schaffung struktureller Bedingungen für Konflikttransformation und dauerhaften Frieden. Dieser Begriff ist abzugrenzen von *Peacekeeping*, das militärische Maßnahmen zur unmittelbaren Umsetzung von Friedensabkommen

len? Um dieser Frage nachzugehen, werden zunächst ausgewählte Handlungsfelder im afghanischen Wiederaufbau aufgezeigt, in denen generische zivilmilitärische Schnittstellen bestehen. Hierbei wird besonderes Augenmerk auf die Rollen und Aufgaben des Militärs jenseits kinetischer Operationen gerichtet. In einem weiteren Schritt werden die künftigen Arbeitsbedingungen ziviler Organisationen in Afghanistan antizipiert und ein Blick auf zivil-militärisches Schnittstellenmanagement in Afghanistan geworfen. Abschließend wird reflektiert, welche Schlussfolgerungen für kohärentes zivil-militärisches Handeln, auch für andere komplexe *Peacebuilding*-Szenarien, daraus zu ziehen sind.

Zivil-militärische Schnittstellen in *Peacebuilding*-Prozessen

Sicherheitssektorreform

Die prominenteste zivil-militärische Schnittstelle in *Peacebuilding*-Szenarien betrifft den Aufbau bzw. die Reform des Sicherheitssektors. Sicherheitssektorreform (SSR) ist eine der herausforderndsten Aufgaben im *Peacebuilding*, weil sie sehr komplex ist und weit über die Schaffung von Sicherheit hinaus in den Aufbau des strukturellen Gefüges des künftigen Staatswesens hineinreicht. Internationales Militär und Polizei können Beiträge zur Ausstattung, Operationsfähigkeit und

---

beschreibt, und *Peace Enforcement*, welches Zwangsmaßnahmen zur Wiederherstellung von Sicherheit und Bedingungen für längerfristigen Frieden beinhaltet.

Professionalität der lokalen Sicherheitskräfte leisten. Da sie oft den Löwenanteil der internationalen SSR-Unterstützung übernehmen, wird der Aspekt der Herstellung von Sicherheit mittels operationeller Handlungsfähigkeit oft auf Kosten der politischen Kontrolle sowie institutionellen Effektivität und Effizienz des Sicherheitssektors überbetont. Die mangelnde Bereitschaft zu mehr internationalem entwicklungspolitischem Engagement im Sicherheitssektor verstärkt diese Tendenz.

Dabei ist der Charakter des im Aufbau befindlichen Sicherheitssektors nicht nur entscheidend für die Fähigkeit des künftigen Staates zur Gewährleistung von Sicherheit und Ordnung, sondern prägt auch das künftige ordnungspolitische Gefüge des Landes maßgeblich. Die frühzeitige Einhegung des Sicherheitssektors durch politisch-administrative Steuerungs- und Kontrollmechanismen stellt wichtige Weichen für die Chancen auf eine politische Ordnung, die demokratische Machtwechsel und einen Primat der Politik erlaubt. Gut ausgestattete und handlungsfähige Sicherheitskräfte, die – wie in Afghanistan – kaum politischer Kontrolle durch Ministerialbürokratie, Parlament, Justiz oder kritische Öffentlichkeit unterworfen sind, bilden ein Risiko im *Peacebuilding*-Prozess.[2] SSR ist daher eine zivil-militärische, multisektorale Herausfor-

---

[2] Auf diese Gefahr hat Paul Miller hingewiesen. Paul Miller: Afghanistan's Coming Coup? The Military Isn't Too Weak -- It's Too Strong, in: Foreign Affairs, 2 April 2014: http://www.foreignaffairs.com/articles/141092/paul-d-miller/afghanistans-coming-coup (geladen am 08.06.2014).

derung, wird aber häufig auf eine Aufgabe von Militär und Polizei verkürzt.

Während Sicherheitsaufgaben wie z.B. die Überwachung von Waffenstillständen, Abschreckung durch militärische Präsenz oder das Training von Soldaten eindeutig militärische Aufgaben sind, erscheint die Rollenteilung hinsichtlich anderer Aufgaben weniger klar. Öffentliche Ordnung und Sicherheit, Verkehrssicherheit, Strafverfolgung und Kriminalitätsbekämpfung sind in friedlichen Kontexten Aufgabe der Polizei. In Ländern, wo das staatliche Gewaltmonopol nicht garantiert oder brüchig ist, gibt es oft fließende Übergänge zwischen Kriminalität, öffentlichem Protest, politisch motivierter Gewalt oder militanten Aufständen. Hier verschwimmen auch die Grenzen zwischen internationalen polizeilichen und militärischen Zuständigkeiten. So ist ISAF in Afghanistan der gewichtigste Akteur beim Aufbau der afghanischen Polizei, während es keine systematische Aufgabenteilung zwischen ISAF und EUPOL beim Polizeiaufbau gibt.

Noch weniger klar zugeordnet sind die Aufgaben, die sich auf den institutionellen Aufbau des Sicherheitssektors beziehen. Damit Sicherheitskräfte funktionieren und ihre Sicherheitsaufgaben nachhaltig wahrnehmen können, bedarf es eines hinreichenden rechtlichen Rahmens, einer realistischen Finanzplanung und Budgetierung im Staatshaushalt sowie entsprechender Verkehrs- und Energieinfrastruktur. Zudem sind die Unterstützung des organisationalen Aufbaus und die Verbesserung von Managementfähigkeiten, die Rekrutierung geeigneten Personals, die Ent-

wicklung von Standards und Verwaltungsverfahren
oder Budgetplanung und Finanzkontrolle querschnittliche Aufgaben, die für das Funktionieren des Sicherheitssektors unabdingbar sind. Ob diese Aufgaben
vom Militär, der Polizei oder zivilen Entwicklungsorganisationen wahrgenommen werden, wird meist weniger nach Kriterien der funktionalen Spezialisierung
und Eignung entschieden, sondern folgt Konventio-
nen, politischen Setzungen oder Dynamiken des Ge-
berengagements. So sind in der Beratung des afghanischen Innenministeriums sowohl militärische (US-
Militär/ISAF), polizeiliche (EUPOL) als auch zivile
Berater aus unterschiedlichen Organisationen tätig.
Die Beratung des afghanischen Verteidigungsministeriums dagegen wird ausschließlich von militärischem
Personal wahrgenommen. Auch der Aufbau der ANA
gilt als Ägide von US-Militär und ISAF. Sie arbeiten
zwar in Teilen mit zivilen *Consultants*, aber entwick-
lungspolitische Organisationen sind im Bereich der
Militärreform nicht engagiert. Auf dem Feld der Polizeireform engagieren sich Organisationen der Entwicklungszusammenarbeit in den Bereichen Alphabe-
tisierung, Bau und Infrastruktur, Training, Menschen-
und Frauenrechte sowie an den Schnittstellen zwischen Polizei- und Justizreform. Insgesamt aber sind
zivile Organisationen bei der Polizeireform nicht systematisch eingebunden.

Aufbau von Rechtsstaatlichkeit

Der Aufbau von Rechtsstaatlichkeit ist eng verknüpft
mit dem Aufbau des Sicherheitssektors. Auch wenn

das Konzept der Rechtsstaatlichkeit (*Rule of Law*) schillernd und nicht präzise definiert ist, so erscheint unstreitig, dass ein tragender Pfeiler funktionierender Rechtsstaatlichkeit neben der Rechtsformulierung und der Rechtsprechung die Rechtsdurchsetzung (*Law Enforcement*) darstellt. Rechtsdurchsetzung ist funktional gesehen vor allem Aufgabe der Polizei sowie der Strafvollzugsbehörden, in spezifischen Bedrohungslagen auch des Militärs. Hier überschneiden sich im *Peacebuilding*-Kontext SSR und Rechtsstaatsaufbau unmittelbar, da über Polizei- und Strafvollzugsreform ein direkter Beitrag zum Aufbau von Rechtsstaatlichkeit geleistet wird. Umgekehrt ist ein klarer rechtlicher und prozeduraler Rahmen eine Voraussetzung für den Aufbau eines demokratisch kontrollierten, effektiven und effizienten Sicherheitssektors.

Im Unterschied zu SSR spielt das Militär beim Aufbau von Rechtsstaatlichkeit in der Regel nur eine indirekte Rolle. Diese ergibt sich zum einen aus seinen Aufgaben bei der Militärreform. Internationales Militär hat hier die Verantwortung, nicht nur militärische Standards umzusetzen, sondern auch auf die Konformität der im Aufbau befindlichen Militärorganisation mit Recht und Gesetz des Landes zu achten. Dazu gehören auch internationale Verträge und Verpflichtungen, die das Land ratifiziert hat. Zum anderen unterstützt das internationale Militär den Aufbau von Rechtsstaatlichkeit indirekt durch Schaffung von Sicherheitsbedingungen, die Aufbau- und Reformaktivitäten auf diesem Feld ermöglichen.

Wenn das internationale Militär wie im Fall

von Afghanistan jedoch eine maßgebliche Rolle beim Polizeiaufbau spielt, wirkt es direkt in den Aufbau von Rechtsstaatlichkeit hinein. Diese Konstellation ist für den Charakter der sich herausbildenden Polizei und ihre Rolle als Hüterin des Rechts und Inhaberin des staatlichen Gewaltmonopols mit hohen Risiken behaftet. Das Militär ist weder von seinem professionellen Selbstverständnis noch von seinen Verfahren und Strukturen her geeignet, eine zivile Polizei aufzubauen. Sachzwänge der sich verschlechternden Sicherheitslage und mangelnde Bereitschaft der Geberstaaten, sich mit den notwendigen polizeilichen und entwicklungspolitischen Ressourcen im Polizeiaufbau in Afghanistan zu engagieren, haben dazu geführt, dass zunächst das US-Militär von Beginn an und später ISAF stark in den Aufbau der *Afghan National Police* (ANP) involviert war. Dies hat einen Fokus auf operationelle Handlungsfähigkeit und Aufstandsbekämpfung beim Polizeiaufbau begünstigt. Die Polizei ist immer noch mit erheblichen Imageproblemen in der Bevölkerung belastet, genießt kaum Vertrauen und ist von den vielfach paramilitärischen Aufgaben im Kontext der Aufstandsbekämpfung überfordert. Gleichzeitig wurde die Befähigung zu zivilen Ordnungsaufgaben vernachlässigt. Aufgrund der sich stetig verschlechternden Sicherheitslage konnte diese Ausrichtung beim Polizeiaufbau bis heute schwer korrigiert werden.

Aufbau von Regierungsstrukturen

Unterstützung beim Aufbau von Regierungsstrukturen in *Peacebuilding*-Prozessen ist eine Aufgabe, die primär von Entwicklungsorganisationen und je nach Ressort entsprechenden Fachexperten zu leisten ist. Hierbei geht es um den organisationalen Aufbau der Ministerialbürokratie, um Entwicklung von Geschäftsordnungen und Verfahrensabläufen, um Rekrutierung und Ausbildung von Personal und um politikfeldbezogene Fach- und Politikberatung. Das internationale Militär ist in dieses Handlungsfeld von *Peacebuilding* nur insofern direkt involviert, als es im Rahmen von Militärreformen auch das Verteidigungsministerium unterstützt und berät. Allerdings leistet es hier weniger querschnittliche Organisations- und Managementberatung, sondern konzentriert sich in der Regel auf Fach- und Politikberatung und teilweise noch die Rekrutierung von Personal.

Die Reform des Verteidigungsministeriums genießt bei internationalen zivilen Organisationen oft nicht die Aufmerksamkeit, die ihr als integraler Bestandteil des Aufbaus von Regierungsstrukturen gebührt. Die Reform der Sicherheits- und Verteidigungsinstitutionen wird meist vollständig dem Militär überlassen. Umgekehrt konzentrieren sich internationale militärische Akteure oft nur auf die militärfachlichen Aspekte der Reform des Verteidigungsministeriums. In der Folge entsteht auch hier ein Ungleichgewicht auf Kosten sicherheits- und verteidigungspolitischer Regierungsfähigkeit und organisationaler Handlungsfähigkeit.

Ein weiterer Aspekt des Aufbaus von Regierungsstrukturen betrifft die Abhaltung von Wahlen oder im Falle Afghanistans von großen Ratsversammlungen (*Loya Jirgas*). Hier spielt das internationale Militär je nach Kapazitäten und Handlungsfähigkeit der lokalen Sicherheitskräfte temporär eine wichtige Rolle mit Blick auf logistische Unterstützung, Gewährleistung von allgemeiner Sicherheit und Ordnung sowie Schutz prominenter Personen.

Entwaffnung, Demobilisierung und Reintegration von Ex-Kombattanten

Entwaffnung, Demobilisierung und Reintegration (*disarmament, demobilization and reintegration*, DD&R) von Ex-Kombattanten ist ein durchgehend zivil-militärisches Unterfangen, gleichwohl die Aufgaben und Rollen ziviler und militärischer Akteure in den drei Phasen stark variieren. Vor Beginn der Entwaffnung bedarf es der Erarbeitung einer politischen Strategie unter Einbeziehung militärischer Expertise, die festlegt, wer wo wann und in welcher Reihenfolge entwaffnet werden und wer den Prozess wie überwachen soll. In der Entwaffnungsphase leistet internationales Militär das Gros der anfallenden logistischen und Sicherungsaufgaben, angefangen von der Zusammenführung ehemaliger Kämpfer in Lager, über den Schutz und die Sicherung der Lager bis hin zur Registrierung, dem Einsammeln und der sicheren Verwahrung/Lagerung von Waffen und Munition. Zivile Akteure wie humanitäre Organisationen oder spezialisierte Nichtregierungsorganisationen können bei der Versorgung der Ex-Kombattanten mit Nahrung und medizinischer Hilfe oder beispielsweise bei der Registrierung und Verwahrung von Waffen und Munition in dieser Phase eine unterstützende Rolle spielen. In der Phase der Demobilisierung arbeiten militärische und zivile Akteure idealerweise Hand in Hand, da in dieser Phase bestehende Kampfverbände aufgelöst und erste Schritte unternommen werden, um ehemalige Kämpfer auf ein ziviles Leben vorzubereiten (Gesundheitschecks, Ausgabe von Papieren, Festlegung über eine Zukunft als Zivilist oder Überführung in reguläre Sicherheitskräfte, etc.). Die Rolle des Militärs bleibt unter Sicherungs- und Schutzgesichtspunkten in der Demobilisierungsphase unverändert, aber auch mit Blick auf die Überführung von Ex-Kombattanten in die regulären Sicherheitskräfte. In dieser Perspektive sollte DD&R auch mit laufenden Sicherheitssektorreformen abgestimmt sein. In der Reintegrationsphase kommen Entwicklungsorganisationen zum Zuge, die Ex-Kombattanten durch Aus- und Fortbildung auf einen zivilen Broterwerb vorbereiten, medizinische Versorgung leisten und vor allem die aufnehmenden Gemeinden bei der sozialen Integration und Vergangenheitsbewältigung unterstützen.

Unter Bedingungen fortdauernder Kampfhandlungen und in schwierigen Kontexten wie in Afghanistan bleiben DD&R Prozesse leicht auf halbem Wege stehen, weil die Kriegsökonomie eine stete Nachfrage nach Kombattanten generiert, weil die lokale Kultur Entwaffnungsbemühungen erschwert oder weil der zivile Arbeitsmarkt größere Zahlen von zusätzlich auf den Arbeitsmarkt drängenden ehemaligen Kämpfern nicht absorbieren kann. Unter solchen Umständen wäre eine enge Verzahnung von DD&R mit

entwicklungspolitischen Programmen der Arbeits-
marktförderung und wirtschaftlichen Entwicklung ge-
boten. Diese Verknüpfung ist jedoch in den meisten
Fällen stark vernachlässigt oder gar nicht gegeben.

Künftige Arbeitsbedingungen ziviler Organisationen in Afghanistan

Die internationalen Geber und truppenstellenden Nationen haben auf der Tokioter Geberkonferenz im Juli
2012 versichert, den Wiederaufbau in Afghanistan
auch nach 2014 weiterhin zu unterstützen.[3] Die Geberstaaten sagten mehr als 16 Mrd. USD an Entwick-
lungshilfe für die nächsten vier Jahre zu. Mit Unter-
stützungszusagen über 2016 hinaus ist zu rechnen. Die
Geberstaaten knüpften dabei ihre Unterstützungszu-
sagen an konkrete Reformfortschritte der afghanischen Regierung und Bedingungen, die im sogenannten *Tokyo Mutual Accountability Framework* (TMAF)
festgeschrieben wurden. Demzufolge sollen Fortschritte regelmäßig anhand konkreter Indikatoren gemessen werden. Die Ausgaben Deutschlands sollen
bis mindestens 2016 weiterhin jährlich bis zu 430 Mio.
Euro im Rahmen der Entwicklungszusammenarbeit

---

[3] The Tokyo Declaration. Partnership for Self-Reliance in Afghanistan. From Transition to Transformation, 8 July 2012;
http://reliefweb.int/sites/reliefweb.int/files/resources/Tokyo%
20Conference%20on%20Afghanistan%20The%20Tokyo%20De
clarationPartnership%20for%20Self-
Relian-
ce%20in%20Afghanistan%20From%20Transition%20to%20Tra
nsformation.pdf, geladen am 08.06.2014.

betragen, heißt es im Fortschrittsbericht 2013 der Bundesregierung zu Afghanistan. Allerdings ist – entgegen der Rhetorik, man werde Afghanistan nicht im Stich lassen – das politische Interesse an Afghanistan seit der Entscheidung für den militärischen Rückzug faktisch spürbar zurückgegangen. Andere Krisen haben längst die Aufmerksamkeit für Afghanistan in den Hintergrund gedrängt und konkurrieren um finanzielle Mittel.

Noch ist ungewiss, wie viele der in Tokio zugesagten Mittel tatsächlich im Land ankommen werden. Auch bleibt abzuwarten, wie die Geberstaaten angesichts einer weiterhin sehr prekären Sicherheitslage, die die Arbeit von internationalen Regierungsorganisationen sowie internationalen und lokalen Nichtregierungsorganisationen (NRO) erheblich erschwert, ihre finanziellen Zusagen in Programme und Projekte überführen und umsetzen können. Umso größerer Druck und Erwartungen werden auf den zivilen Organisationen lasten, die künftig im Land arbeiten.

Durch die zahlenmäßige Reduzierung und Veränderung des künftigen Profils des internationalen Militärs und die zurückgehenden internationalen Gebermittel werden auch die sicherheitsbezogenen, finanziellen und sektoralen Handlungsbedingungen für zivile Organisationen schwieriger. Zum einen wird sich der Trend zur Konzentration von Geberaktivitäten in den Regionen und Distrikten fortsetzen, die von der Sicherheitslage her zugänglich sind. Dies macht eine Verstärkung der Disparitäten in den lokalen Lebensbedingungen wahrscheinlich, die wiederum die

Arbeit der verbleibenden zivilen Organisationen weiter erschwert und für den *Peacebuilding*-Prozess des Landes insgesamt nicht zuträglich ist. Zum anderen ist in den letzten Jahren ein Trend zum Rückzug internationaler staatlicher Entwicklungsorganisationen zu verzeichnen mit der Folge, dass Teile der zugesagten Gelder nicht hinreichend abfließen können. Zudem ist eine Hinwendung zur Umsetzung zugesagter Mittel über die wenigen verbleibenden internationalen staatlichen Entwicklungsorganisationen, die noch in Afghanistan arbeiten, über UN-Institutionen, die Weltbank oder direkt über die afghanische Regierung wahrscheinlich, um die Unwägbarkeiten einer Direktbeauftragung von NRO und lokalen Organisationen zu umgehen. Dies verschlechtert die Arbeitschancen vor allem für internationale und nationale NRO insgesamt erheblich.

Die beiden letztgenannten Trends führen insgesamt zu einer Reduzierung internationaler Experten vor Ort ohne dass bisher abschätzbar ist, inwiefern afghanische Kapazitäten ausreichen, um vielfach noch laufende komplexe Programme erfolgreich fortzuführen. Schließlich ist zu erwarten, dass Geberstaaten ihre Mittel zunehmend auf Kernsektoren wie Verwaltungsaufbau, Bildung und landwirtschaftliche Entwicklung konzentrieren werden. Weniger im Lichte der politischen Aufmerksamkeit stehende Sektoren könnten dadurch vernachlässigt werden. Für diejenigen Regierungsorganisationen und NRO, die bisher in unterschiedlichen Formen und Intensitätsgraden mit ISAF zusammengearbeitet oder regelmäßige Beziehungen gepflegt haben, wird das Ende der ISAF-Operation auch die Opportunitäten zur Zusammenarbeit mit dem internationalen Militär auf ein Minimum reduzieren und Organisationen in Einzelfällen somit um wichtige Ressourcen beschneiden.[4]

Die ISAF-Nachfolgemission *Resolute Support* wird sich auf Training und Unterstützung beim Aufbau der ANSF fokussieren, aber inwiefern dies auch die ohnehin vernachlässigten querschnittlichen organisationalen und managerialen Fähigkeiten des afghanischen Innen- und Verteidigungsministeriums sowie der Verwaltungsapparate von *Afghan National Army* (ANA) und ANP einbezieht, ist noch nicht absehbar. Es ist davon auszugehen, dass der Aufbau der ANA bis auf weiteres von der NATO unterstützt werden wird. Anders sieht es auf dem Strang des Polizeiaufbaus aus. Mit dem möglichen Abzug von EUPOL ist noch offen, ob es weiterhin eine hinreichende internationale polizeiliche Unterstützung des Aufbaus der ANP geben wird. Zivile Organisationen könnten zwar den Bedarf hinsichtlich Organisations- und Managementberatung decken und Trainings organisieren, blieben aber auf polizeifachliche Expertise angewiesen, die sie überwiegend auf dem freien Markt rekrutieren müssten. Zudem würden sie im Falle eines stärkeren Engagements auf dem Feld des Polizeiaufbaus ganz unmittelbar zum Angriffsziel bewaffneter regierungs-

---

[4] Vgl. Transition and Non-Government Organizations in Afghanistan: An Assessment and Prospects, Afghanistan Public Policy Research Organization, January 2014;
 http://appro.org.af/preview/transition-and-ngos-in-afghanistan-an-assessment-and-prospects/, geladen am 08.06.2014.

feindlicher Kräfte werden – in einer Zeit, in der Schutz, Unterstützung und Evakuierung in Notsituationen durch das ausländische Militär nicht mehr gewährleistet werden können.

Die Zukunft zivil-militärischen Zusammenwirkens in Afghanistan wird zum einen von der Entwicklung der Sicherheitslage abhängen, zum anderen sind ihr mit dem künftigen Kräftedispositiv der *Resolute Support* ohnehin enge Grenzen gesetzt. Die zivilen Organisationen, die im Lande verbleiben und weiterarbeiten, werden neue, autarke Wege mit Blick auf medizinische Versorgung und Evakuierung im Notfall beschreiten müssen. Während die meisten NRO auch in den vergangenen Jahren nicht auf militärische Unterstützung in medizinischen oder sonstigen Notlagen gesetzt haben, so war die Nutzung sanitätsdienstlicher Einrichtungen von ISAF oder die Option von Rettungs- und Evakuierungseinsätzen im Notfall ein wichtiges Element im Risiko- und Sicherheitsmanagement staatlicher Entwicklungsorganisationen. Dies wird künftig mit kommerziellen Anbietern oder in Zusammenarbeit mit den afghanischen Sicherheitskräften zu regeln sein, da die *Resolute Support* Mission weder über die Mannstärke noch über die Präsenz in der Fläche verfügen wird, um zivilen Organisationen annähernd verlässliche Unterstützung anbieten zu können. Für den Schutz von Personal und Liegenschaften haben die in Afghanistan tätigen Entwicklungsorganisationen seit Jahren unterschiedliche Lösungsansätze entwickelt. Diese waren jedoch auf eine Sicherheitslage zugeschnitten, in der zivile Organisationen nicht systematisch Ziel von aufständischen Angriffen waren. Ob und inwieweit sich das mit dem Abzug des ausländischen Militärs ändern wird und inwiefern die entwickelten Sicherheitskonzepte auch unter veränderten Bedingungen tragen, muss abgewartet werden.

Wie sich die zahlenmäßige Reduzierung internationaler Akteure insgesamt und der drastische zahlenmäßige Abbau internationalen Militärs auf die allgemeine Stimmungslage im Lande gegenüber Ausländern auswirken, kann ebenfalls noch nicht abgeschätzt werden. Sollte es einen negativen Stimmungstrend geben, wird das die Arbeitsbedingungen der verbleibenden zivilen Organisationen zusätzlich erheblich erschweren. Der Wegfall von ISAF wird in den Handlungsfeldern des Aufbaus von Rechtsstaatlichkeit, des Aufbaus von Regierungsstrukturen sowie DD&R spürbare Lücken hinterlassen. Die Rolle, die das internationale Militär jeweils in diesen Handlungsfeldern gespielt hat, wird absehbar weder von den ANSF noch von internationalen zivilen Akteuren hinreichend übernommen werden können. Ein kohärenter *Peacebuilding*-Prozess, in dem zivile und militärische Akteure koordiniert vorgehen, wird damit künftig noch unwahrscheinlicher.

Zivil-militärisches Schnittstellenmanagement in Afghanistan

Stabilisierung und Wiederaufbau in Afghanistan waren von Anfang an ein komplexes zivil-militärisches Unterfangen. Gleichwohl hat es zu keinem Zeitpunkt seit 2002 eine annähernde Balance zwischen der zivilen und der militärischen Dimension dieses Unterfangens gegeben. Dies gilt sowohl mit Blick auf die zahlenmäßige Präsenz, die Kosten wie auch die politische Aufmerksamkeit insgesamt. Das internationale Engagement in Afghanistan war vor allem in den Anfangsjahren in hohem Maße auf die militärische Dimension fokussiert. Dieses Ungleichgewicht konnte auch nach Verabschiedung des *Afghanistan Compact* in 2006, der Stabilisierung und Wiederaufbau ausdrücklich als Gesamtheit konzipierte, nicht gänzlich aufgelöst werden, obwohl es seitdem deutliche Fortschritte hin zu verbesserter zivil-militärischer Balance und Kohärenz zu verzeichnen gab. Dies ist in der Genese und den spezifischen Dynamiken des internationalen Engagements in Afghanistan begründet, die detailliert an anderer Stelle analysiert wurden.[5]

Herkömmliche Aufgaben- und Zuständigkeitsgrenzen ziviler und militärischer Akteure sind in einigen Wiederaufbaufeldern in Afghanistan erodiert. Das gilt besonders für den Polizeiaufbau, aber auch für die Drogenbekämpfung oder die Aufgaben öffentlicher Sicherheit und Ordnung. Heute hat zwar theoretisch die ANP die Zuständigkeit für innere Sicherheit übernommen und die ANA konzentriert sich auf Verteidigungsaufgaben, aber die Realität sieht anders aus. Viel-

---

[5] Vgl. F. M. Alamir: The international Approach to Afghanistan – Could We Have Done Better? In: Heinz-Gerhard Justenhoven, Ebrahim Afsah (Hrsg.): Das internationale Engagement in Afghanistan in der Sackgasse?, S. 11-27, http://www.alamir.de/Page_DEU/Page_DEU/Publikationen1_assets/2011-The_international_Approach_to_Afghanistan.pdf

fach sind Polizeikräfte tragendes Element der Aufstandsbekämpfung und tragen einen besonders hohen Blutzoll. Die ANP ist folglich eine hinsichtlich ihrer Organisationsstruktur und Verfahren stark militärisch geprägte Polizeitruppe. In vielen zentrumsfernen Provinzen und Distrikten, in denen die zentralstaatlichen Akteure oftmals nur schwach oder gar nicht präsent sind, herrscht wiederum eine andere Realität. Hier sind polizeiliche und militärische Aufgaben aufgrund der andauernden gewaltsamen Auseinandersetzungen eng verquickt – sei es im Rahmen von Konflikten um die Macht, um lokale oder auch kriminelle Interessen und unter unterschiedlichen Herrschaftskonstellationen. Dies spiegelt sich auch in dem Zuschnitt westlicher Unterstützung für den Aufbau der ANSF. Unterstützung für den Aufbau der Polizei leisten in Afghanistan mit dem weitaus größten Personal- und Ressourcenaufwand die USA über das *Combined Security Transition Command–Afghanistan* (CSTC-A) und ISAF im Rahmen der *NATO Training Mission to Afghanistan* (NTM-A), daneben EUPOL und bilaterale Geber mit polizeilichen und zivilen Mitteln.

Die Rolle von ISAF im Wiederaufbau Afghanistans ging bis 2014 faktisch weit über herkömmliche Sicherheitsaufgaben hinaus. ISAF war in anderen als sicherheitsbezogenen Handlungsfeldern zwar formal immer nur eine unterstützende Kraft. Faktisch aber hat ISAF ungefähr ab 2006 eine Rolle als Fazilitator und *enabler*, teilweise auch als Motor eingenommen, die in einigen Wiederaufbauprozessen jenseits des Sicherheitsbereichs kaum wegzudenken war. Diese Rolle wurde erst mit dem beginnenden zahlenmäßigen Abbau der ISAF-Truppenstärke seit 2011 sukzessive reduziert.

Die Verfahren zivil-militärischen Zusammenwirkens in Afghanistan gleichen einem dichten Netz von Konsultations-, Abstimmungs- und Koordinationsformaten und -beziehungen mit einer Vielzahl sich teilweise überlappender, teilweise ergänzender, teilweise nebeneinander bestehender Knotenpunkte. Charakteristisch für dieses Netz ist, dass es dem Bedarf vor Ort folgend und in hohem Maße abhängig von handelnden Personen entstanden und aufgewachsen ist, d.h. primär von Akteuren und Dynamiken im Einsatzland angestoßen und geprägt wurde. Dementsprechend ist es an einigen Stellen besonders dicht, wie beispielsweise auf der strategischen Ebene bezogen auf den Bereich Wiederaufbau und Entwicklung oder sektoral bezogen auf Polizeireform. An anderen Stellen ist es nur lose geknüpft, so etwa auf den regionalen, Provinz- oder Distriktebenen. Dieses Netz ist in seiner Substanz trotz institutionalisierter oder informell geregelter Knotenpunkte maßgeblich von persönlichen Beziehungen und Konstellationen getragen. Insgesamt fehlt es an einer systematischen Arbeitsteilung und Koordinierung zwischen zivilen und militärischen Akteuren in Afghanistan. Allerdings bestand und besteht in Afghanistan kein prinzipieller Mangel an zivil-militärischer Abstimmung und Koordination. Auch wenn die bestehenden Verfahren und Formate sukzessive, wild und von unten nach oben, statt in einem geordneten, langfristig geplanten Prozess aufgewachsen sind, gewährleisteten sie Abstimmung und Koordination im Rahmen des politisch Möglichen. Dort, wo sie nicht hinreichten, fehlte es an zivil-militärischer Kohärenz auf politisch-strategischer Ebene.

Der Impetus zu verbesserter zivil-militärischer Kohärenz ging vor ca. einer Dekade klar vom Militär aus. Hintergrund war der Ansatz, über die *Provincial Reconstruction Teams* einen Beitrag zur Stärkung von Staatlichkeit auch in den Landesteilen zu leisten, in denen ISAF nicht präsent sein konnte. Die deutsche Diskussion um Vernetzte Sicherheit und die Debatte um den *Comprehensive Approach* im NATO-Rahmen hatten ihren Höhepunkt zwischen 2006 und 2010. Diese Diskurse haben viel dazu beigetragen, gegenseitige Vorbehalte abzubauen und vor allem ein besseres gegenseitiges Verständnis der jeweiligen Instrumente und Herangehensweisen zu etablieren. Heute ist unstreitig, dass zivile und militärische Instrumente eng aufeinander abgestimmt zum Einsatz kommen müssen, um im *Peacebuilding* langfristig erfolgreich zu sein. In der Praxis allerdings hat vor allem das Militär Schritte unternommen, die Ausbildung, Doktrinen und Verfahren stärker auf einen vernetzten Ansatz hin auszurichten. Vor allem ISAF war innovativ und pro-aktiv mit Blick auf die Entwicklung von Verfahren und Formaten verbesserter zivil-militärischer Zusammenarbeit, weil das Militär nach Entlastung und Abgabe von Aufgaben und Verantwortlichkeiten strebte. Demgegenüber scheuten die Geberstaaten, UNAMA und viele zivilen Organisationen lange eine engere politisch-strategische

Abstimmung mit der NATO/ISAF, weil dies nationale und organisationale Partikularinteressen oder Sorgen vor Vereinnahmung berührte.

Für künftiges zivil-militärisches Zusammenwirken in Afghanistan bedeuten die Ausrichtung der *Resolute Support Mission* und die sich verändernden Arbeitsbedingungen für zivile Organisationen ein nahendes Ende des vernetzten Ansatzes. Künftig wird es einfach sehr viel weniger zivil-militärische Schnittstellen geben. Damit dürfte vielen der mühsam erreichten Kohärenzfortschritte hinsichtlich der erweiterten Rolle des Militärs im *Peacebuilding* sowie der zivil-militärischen Koordinierungsformate der Boden entzogen werden. Dabei bleibt der Bedarf unverändert bestehen.

Allerdings sollte nicht übersehen werden: Auch wenn in Afghanistan zivil-militärische Kohärenz über die Jahre deutlich verbessert wurde, hat es zu keinem Zeitpunkt einen vernetzen Ansatz gegeben, der den Namen wirklich verdiente. Vernetzung beschreibt eine Qualität von Politik auf der Umsetzungsebene, die besagt, *wie* Akteure zusammenwirken sollen. Diese Qualität kann aber nur dann voll zum Tragen kommen, wenn es unter den Mitwirkenden eine kohärente strategische Zielsetzung gibt, also eine Einigkeit, *wofür* die Akteure zusammenarbeiten. Diese Kohärenz mit Blick auf das langfristige politische Ziel der internationalen *Peacebuilding*-Bemühungen in Afghanistan bestand unter den Geberstaaten und truppenstellenden Nationen zu keinem Zeitpunkt. Während das Rational des internationalen Engagements in Afghanistan in den Anfangsjahren eher im Anti-Terror-Kampf begründet lag, verschoben sich die Begründungsmuster immer mehr hin zum Wiederaufbau, freilich ohne konkrete Vorstellung, wie ein Afghanistan der Zukunft aussehen sollte und wann dieses Ziel als erreicht gelten könnte. Mit Ankündigung des ISAF-Abzugs wurde einfach der Zeitpunkt definiert, um Verantwortung in afghanische Hände zu geben. Die Debatte um den vernetzten Ansatz hat sich zu stark auf das ‚Wie' fokussiert, statt zu reflektieren, ob das internationale Engagement noch auf dem richtigen Weg ist. Die nächsten Jahre werden zeigen, wie nachhaltig dieses Engagement war.

Lernen aus Afghanistan

Der Überblick über zivil-militärisches Schnittstellen-management in Afghanistan hat klar gemacht, dass Kohärenzfortschritte unter internationalen zivilen und militärischen Akteuren im *Peacebuilding* möglich, aber begrenzt sind, solange sie von unten nach oben auf-wachsen und keiner gemeinsamen politischen Strategie folgen. Mit Blick auf die Ausgangsfrage nach der Zu-kunft des vernetzten Ansatzes in Afghanistan wurde festgestellt, dass er aufgrund der geringer werdenden zivil-militärischen Schnittstellen immer mehr an Be-deutung verlieren wird. Der vernetzte Ansatz war nie ein Erfolgsrezept in Afghanistan, wenngleich sich irr-tümlicherweise viele Hoffnungen damit verbanden. Die Entscheidung zum weitgehenden internationalen militärischen und polizeilichen Rückzug aus Afghanis-tan bei gleichzeitiger Beteuerung, den zivilen Wieder-aufbau weiterhin zu unterstützen, ohne zu reflektieren, welche Konsequenzen das für den gesamten Wiederaufbauprozess hat und wie die verbleibenden zivilen Organisationen allein leisten sollen, was bisher nicht geschafft wurde, zeigt, wie wenig *Peacebuilding* in Afghanistan als umfassende zivil-militärische Aufgabe begriffen wurde. Der vernetzte Ansatz in Afghanistan erscheint im Rückblick vor allem als rhetorisches Konzept, das weitergehende Fragen nach Ziel und Sinnhaftigkeit des Engagements in Afghanistan kanalisiert und absorbiert hat. In einem Jahr wird bezogen auf Afghanistan vermutlich niemand mehr darüber sprechen.

Welche Schlussfolgerungen sind daraus für das übergeordnete Thema der Rolle des internationalen Militärs in *Peacebuilding*-Prozessen zu ziehen? Oben wurden generische zivil-militärische Schnittstellen in ausgewählten Handlungsfeldern von *Peacebuilding* aufgezeigt. Dabei wurde zum einen deutlich, dass die Frage ziviler, polizeilicher und militärischer Aufgaben und Rollen keineswegs eindeutig geklärt sind. Vielfach bestimmen politische Dynamiken internationaler Krisenmanagementprozesse über Aufgaben- und Rollenaufteilung zwischen den eingesetzten Instrumenten und Akteuren im Einsatzland. Dabei geht es bei der Frage, wer was wieviel und wo macht, meist eher um politische Interessen und Profilierung der Geber als um den Bedarf vor Ort oder eine funktional sinnvolle und praktisch machbare Aufgabenteilung. Das gilt für den Einsatz ziviler, polizeilicher und militärischer Ressourcen ebenso wie für die Arbeitsteilung zwischen nationalen Gebern oder multilateralen Organisationen.

Zum anderen wurde dargelegt, dass das internationale Militär weit über Sicherheitsaufgaben hinausgehende direkte und indirekte Beiträge zum *Peacebuilding* in Handlungsfeldern wie Sicherheitssektorreform, Aufbau von Rechtsstaatlichkeit, Aufbau von Regierungsstrukturen sowie DD&R leisten kann und muss.

Ob und wie das Militär diese Aufgaben in künftigen *Peacebuilding*-Szenarien wahrnimmt, hängt entscheidend von der Zielsetzung und politisch-strategischen Abstimmung der Geberstaaten und truppenstellenden Nationen und deren *level of ambition* ab. Nach den Erfahrungen in Irak und Afghanistan scheint die internationale Bereitschaft zu langfristigem Engagement in komplexen *Peacebuilding*-Vorhaben gebremst. Insofern kann nicht vorhergesagt werden, ob Afghanistan ein Modellszenario für künftige Einsätze war, aber Skepsis erscheint angebracht. Es bleibt zu hoffen, dass die einmaligen Erfahrungen und Erkenntnisse aus Afghanistan, besonders über zivil-militärisches Schnittstellenmanagement und über die vielfachen Beitragsmöglichkeiten des Militärs im *Peacebuilding*, nicht verloren gehen.

Autoren

Alamir, Fouzieh Melanie, Dr. rer.pol., war Ende 2006 für einen Kurzzeiteinsatz als *Political Advisor* beim *NATO Senior Civilian Representative* im ISAF HQ Kabul eingesetzt. Zuletzt hat sie in 2013 und 2014 Beratungs- und Unterstützungsmissionen für Vorhaben der deutschen Gesellschaft für Internationale Zusammenarbeit und der EU in Afghanistan unternommen.

Hartmann, Uwe, Oberst i.G., Dr. phil., Dipl. Päd., war von September 2012 bis Februar 2013 als *Deputy Chief of Staff Stability* im RC North in Afghanistan eingesetzt.

Pieper, Frank, Oberst i.G., Dipl. Päd., war von Dezember 2012 bis Juni 2013 als *Deputy Chief of Staff Communication* im RC North in Afghanistan eingesetzt.

Walther, Marc-André, Oberstleutnant i.G., Dipl. Päd., war von August 2012 bis Februar 2013 als *Military Assistant des Deputy Chief of Staff Operations* im RC North in Afghanistan eingesetzt.

Carola Hartmann Miles-Verlag

Politik, Gesellschaft, Militär

Rüdiger Schönrade, *General Joachim von Stülpnagel und die Politik,* Berlin 2007.

Uwe Hartmann, *Innere Führung. Erfolge und Defizite der Führungsphilosophie für die Bundeswehr,* Berlin 2007.

Dietrich Ungerer, *Militärische Lagen. Analysen – Bedrohungen – Herausforderungen,* Berlin 2007.

Klaus M. Brust, *Söldner – Ausverkauf der Exekutive,* Berlin 2007.

Ingo Werners, *Fahren, Funken, Feuern. Hinweise für die Einsatzvorbereitung,* Berlin 2010.

Peter Heinze, *Bundeswehr „erobert" Deutschlands Osten,* Berlin 2010.

Reinhard Schneider, *Neuste Nachrichten aus unseren Kolonien. Pressemeldungen von den Aufständen in Deutsch-Ostafrika und Deutsch-Südwestafrika 1905-1906,* Berlin 2010.

Dieter E. Kilian, *Politik und Militär in Deutschland. Die Bundespräsidenten und Bundeskanzler und ihre Beziehung zu Soldatentum und Bundeswehr,* Berlin 2011.

Hans Joachim Reeb, *Sicherheitskultur als kommunikative und pädagogische Herausforderung – Der Umgang in Politik, Medien und Gesellschaft,* Berlin 2011.

Reiner Pommerin (ed.), *Clausewitz goes global. Carl von Clausewitz in the 21ˢᵗ Century,* Berlin 2011.

Hans-Christian Beck, Christian Singer (Hrsg.), *Entscheiden – Führen – Verantworten. Soldatsein im 21. Jahrhundert,* Berlin 2011.

Dieter E. Kilian, *Adenauers vergessener Retter – Major Fritz Schliebusch,* Berlin 2011.

Ingo Pfeiffer, *Gegner wider Willen. Konfrontation von Volksmarine und Bundesmarine auf See,* Berlin 2012.

Eberhard Birk, Heiner Möllers, Wolfgang Schmidt (Hrsg.), *Die Luftwaffe zwischen Politik und Technik. Schriften zur Geschichte der Deutschen Luftwaffe, Bd. 2,* Berlin 2012.

Eberhard Birk, Winfried Heinemann, Sven Lange (Hrsg.), *Tradition für die Bundeswehr. Neue Aspekte einer alten Debatte,* Berlin 2012.

Holger Müller, *Clausewitz' Verständnis von Strategie im Spiegel der Spieltheorie,* Berlin 2012.

Dieter E. Kilian, *Kai-Uwe von Hassel und seine Familie. Zwischen Ostsee und Ostafrika. Militär-biographisches Mosaik,* Berlin 2013.

Angelika Dörfler-Dierken, *Führung in der Bundeswehr,* Berlin 2013.

Peter Heinze, *Berliner Militärgeschichten,* Berlin 2013.

Cornelia Fedtke, Kai-Uwe Hellmann, Jan Hörmann, *Migration und Militär. Zur Integration deutscher Soldaten mit Migrationshintergrund in der Bundeswehr,* Berlin 2013.

Torsten Konopka, *Afrikanische Wehrsysteme und ihre Entwicklung zwischen 1990/91 und 2011,* Berlin 2014.

Ingo Pfeiffer, *Seestreitkräfte der DDR,* Berlin 2014.

Wolf Graf von Baudissin, *Grundwert Frieden in Politik – Strategie – Führung von Streitkräften,* hrsg. von Claus von Rosen, Berlin 2014.

Marcel Bohnert, Lukas J. Reitstetter (Hrsg.), *Armee im Aufbruch. Zur Gedankenwelt junger Offiziere in den Kampftruppen der Bundeswehr,* Berlin 2014.

Arjan Kozica, Kai Prüter, Hannes Wendroth (Hrsg.), *Unternehmen Bundeswehr? Theorie und Praxis (militärischer) Führung,* Berlin 2014.

Angelika Dörfler-Dierken, Robert Wagner, *Innere Führung in Zahlen. Streitkräftebefragung 2013,* Berlin 2014.

Reihe: Jahrbuch Innere Führung

Uwe Hartmann, Claus von Rosen, Christian Walther (Hrsg.), *Jahrbuch Innere Führung 2009. Die Rückkehr des Soldatischen,* Eschede 2009.

Helmut R. Hammerich, Uwe Hartmann, Claus von Rosen (Hrsg.), *Jahrbuch Innere Führung 2010. Die Grenzen des Militärischen,* Berlin 2010.

Uwe Hartmann, Claus von Rosen, Christian Walther (Hrsg.), *Jahrbuch Innere Führung 2011. Ethik als geistige Rüstung für Soldaten,* Berlin 2011.

Uwe Hartmann, Claus von Rosen, Christian Walther (Hrsg.), *Jahrbuch Innere Führung 2012. Der Soldatenberuf zwischen gesellschaftlicher Integration und suis generis-Ansprüchen,* Berlin 2012.

Uwe Hartmann, Claus von Rosen (Hrsg.), *Jahrbuch Innere Führung 2013. Wissenschaften und ihre Relevanz für die Bundeswehr als Armee im Einsatz,* Berlin 2013.

Uwe Hartmann, Claus von Rosen (Hrsg.), *Jahrbuch Innere Führung 2014. Drohnen, Roboter und Cyborgs – Der Soldat im Angesicht neuer Militärtechnologien,* Berlin 2014.

Einsatzerfahrungen

Kay Kuhlen, *Um des lieben Friedens willen. Als Peacekeeper im Kosovo,* Eschede 2009.

Sascha Brinkmann, Joachim Hoppe (Hrsg.), *Generation Einsatz, Fallschirmjäger berichten ihre Erfahrungen aus Afghanistan,* Berlin 2010.

Schwitalla, Artur, *Afghanistan, jetzt weiß ich erst… Gedanken aus meiner Zeit als Kommandeur des Provincial Reconstruction Team FEYZABAD,* Berlin 2010.

Heinz Dietrich Minkewitz, *Aus dem Tagebuch eines Nachrichtensoldaten. Mit dem Panzer-Pionierbataillon auf den Schauplätzen des Krieges,* Berlin 2014.

Uwe Hartmann, *War without Fighting? The Reintegration of Former Combatants in Afghanistan seen through the Lens of Strategic Thought,* Berlin 2014.

Erinnerungen

Blue Braun, *Erinnerungen an die Marine 1956-1996,* Berlin 2012.

Harald Volkmar Schlieder, *Kommando zurück!,* Berlin 2012.

Harald Volkmar Schlieder, *Opa Willy. 1891 Dresden – 1958 Miltenberg. Von einem, der aufsteigen wollte. Eine sächsisch-deutsche Lebensgeschichte in Frieden und Krieg,* Berlin 2012.

Harald Volkmar Schlieder, *Mein Vater – Musiker und Offizier. 1918 Dresden – 1998 Miltenberg,* Berlin 2013.

Reinhart Lunderstädt, *Aus dem Leben eines Hochschullehrers. Persönlicher Bericht,* Berlin 2012.

Wulf Beeck, *Mit Überschall durch den Kalten Krieg. Mein Leben für die Marine,* Berlin 2013.

Jan Becker, *Aufgewühltes Wasser. 3 Bde.,* Berlin 2014.

<u>Monterey Studies</u>

Uwe Hartmann, *Carl von Clausewitz and the Making of Modern Strategy,* Potsdam 2002.

Zeljko Cepanec, *Croatia and NATO. The Stony Road to Membership,* Potsdam 2002.

Ekkehard Stemmer, *Demography and European Armed Forces,* Berlin 2006.

Sven Lange, *Revolt against the West. A Comparison of the Current War on Terror with the Boxer Rebellion in 1900-01,* Berlin 2007.

Klaus M. Brust, *Culture and the Transformation of the Bundeswehr,* Berlin 2007.

Donald Abenheim, *Soldier and Politics Transformed,* Berlin 2007.

Michael Stolzke, *The Conflict Aftermath. A Chance for Democracy: Norm Diffusion in Post-Conflict Peace Building,* Berlin 2007.

Frank Reimers, *Security Culture in Times of War. How did the Balkan War affect the Security Cultures in Germany and the United States?,* Berlin 2007.

Michael G. Lux, *Innere Führung – A Superior Concept of Leadership?,* Berlin 2009.

Marc A. Walther, *HAMAS between Violence and Pragmatism,* Berlin 2010.

Frank Hagemann, *Strategy Making in the European Union,* Berlin 2010.

Ralf Hammerstein, *Deliberalization in Jordan: the Roles of Islamists and U.S.-EU Assistance in stalled Democratization,* Berlin 2011.

Ingo Wittmann, *Auftragstaktik,* Berlin 2012.

<u>Reihe: Standpunkte und Orientierungen</u>

Daniel Giese, *Militärische Führung im Internetzeitalter – Die Bedeutung von Strategischer Kommunikation und Social Media für Entscheidungsprozesse, Organisationsstrukturen und Führerausbildung in der Bundeswehr,* Berlin 2014.

Dirk Freudenberg, *Auftragstaktik und Innere Führung, Feststellungen und Anmerkungen zur Frage nach Bedeutung und Verhältnis des inneren Gefüges und der Auftragstaktik unter den Bedingungen des Einsatzes der Deutschen Bundeswehr,* Berlin 2014.

Uwe Hartmann (Hrsg.), *Lernen von Afghanistan. Innovative Mittel und Wege für Auslandseinsätze,* Berlin 2015.

<u>www.miles-verlag.jimdo.com</u>